何歳からでも速くなる！
最速ベテランレーサーの
ロード&ヒルクライムトレーニング

監修 ロードバイク研究会

奈良 浩
小畑 郁
西谷雅史
藤田晃三
[illegible]木真理
[illegible]野智也
[illegible]山利男

日東書院

はじめに

いつまでも速くなり続ける

ロードバイクは、中高年になっても楽しむことができる趣味だ。

ロードレースやヒルクライムの大会に行けば、多くのベテランレーサーたちが成績を競いあっている。若者たちよりも数は多いかもしれない。

だが、年齢による影響も無視できない。

疲労からの回復能力や心肺能力、筋力の低下など、体は徐々に衰えていくはずだ。

若いころのように速くなることはできないのか？

そんなことはない。

レース界を見渡せば、多くのベテランレーサーたちが今なお、第一線で競い合っている光景が見られるはずだ。

40代や50代、中には60代のレーサーも含まれる彼らは、数十年にわたってレースの世界で戦ってきたにも関わらず、今でもトップレベルのパフォーマンスを維持している。

なぜ、彼らは年齢に負けずに走り続けられるのか？
時には、年齢に抗って速くなれるのか？

その秘訣を聞いてみよう。

ロードバイク研究会

何歳からでも速くなる！ 最速ベテランレーサーの

ロード&ヒルクライムトレーニング

CONTENTS

file 02 狩野智也さん

file 03 鈴木真理さん

file 04 藤田晃三さん

file 05 村山利男さん

file 06 奈良 浩さん

file 07 小畑 郁さん

ベテランレーサーたちはどうやって走り続けているのか？

本書の見方

ベテランレーサーたちが語るトレーニング内容を分かりやすくまとめています。

本文の内容を図や写真で解説しています。

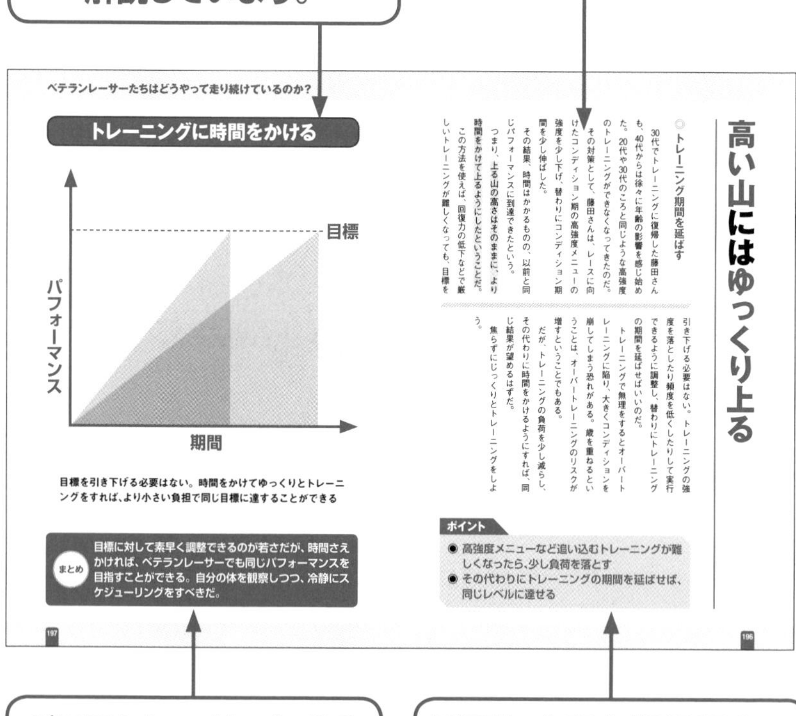
ベテランレーサーたちはどうやって走り続けているのか？

高い山にはゆっくり上る

◎トレーニング期間を延ばす

30代でトレーニングに復帰した藤田さんも、40代からは徐々に年齢の影響を感じ始めた。20代や30代のころと同じような高強度のトレーニングができなくなってきたのだ。

その対策として、藤田さんは、レースに向けたコンディション期の高強度メニューの強度を少し下げ、替わりにコンディション期間を少し伸ばした。

その結果、時間はかかるものの、以前と同じパフォーマンスに到達できたという。

つまり、上る山の高さはそのままに、より時間をかけて上るようにしたということだ。

この方法を使えば、回復力の低下などで厳しいトレーニングが難しくなっても、目標を引き下げる必要はない。トレーニングの強度を落としたり頻度を低くしたりして実行できるように調整し、替わりにトレーニングの期間を延ばせばいいのだ。

トレーニングで無理をするとオーバートレーニングに陥り、大きくコンディションを崩してしまう恐れがある。歳を重ねるということは、オーバートレーニングのリスクが増すということでもある。

だが、トレーニングの負荷を少し減らし、その代わりに時間をかけるようにすれば、同じ結果が望めるはずだ。

焦らずにじっくりとトレーニングをしよう。

ポイント

- 高強度メニューなど追い込むトレーニングが難しくなったら、少し負荷を落とす
- その代わりにトレーニングの期間を延ばせば、同じレベルに達せる

196

トレーニングに時間をかける

目標を引き下げる必要はない。時間をかけてゆっくりとトレーニングをすれば、より小さい負担で同じ目標に達することができる

まとめ　目標に対して素早く調整できるのが若さだが、時間さえかければ、ベテランレーサーでも同じパフォーマンスを目指すことができる。自分の体を観察しつつ、冷静にスケジューリングをすべきだ。

197

ベテランレーサーからの一言アドバイスをまとめました。

重要な内容を箇条書きでまとめています。

100万㎞からの再挑戦

西谷雅史さん

MASASHI NISHITANI

1967年生まれ　54歳

主要な成績

1998　ツール・ド・おきなわ市民200㎞／優勝
2006　ジャパンカップオープンレース／優勝
2007　Jツアー実業団小川村大会／優勝

※プロフィールは2021年9月現在

ホビーとプロの間

◎クネゴに心をへし折られた

54歳の今もトップカテゴリーで走る西谷さんは、ホビーレース界を代表する「鉄人」だ。過去にはツール・ド・おきなわ市民200kmやジャパンカップオープンレースなどホビーレーサーの頂点を争うレースを勝っているが、もっとも有名なのは、2007年の実業団小川村大会での勝利だろう。

この時すでに40歳になっていた西谷さんは、国内トッププロチームのシマノに所属していた野寺秀徳・狩野智也両選手を退けて優勝。ホビーレーサーがトッププロを下したとして衝撃を与えた。

それから14年が経ったが、西谷さんは今も最前線で走り続けている。

「20代のころは仕事や家庭が忙しく、あまりロードバイクには打ち込めなかったんです。でも徐々にトレーニング時間をとれるようになって、1998年にはじめてツール・ド・おきなわに出たら、いきなり優勝。無名だったので、序盤から逃げたら放置されて最後まで……という形ですけどね」

徐々に自信を付けた西谷さんは、2003年には現在のUCIコンチネンタルチーム「オルベア・エチェオンド」に入団するが、待っていたのは世界の壁だった。

「中国の奥地を走るツール・ド・チンハイレイクで、まだ無名だったダミアーノ・クネゴの走りを見てしまったんです」。

衝撃を受けた西谷さんはスパッとプロを諦め、都内にショップを開く。

ポイント

- ◉ 20代で走りはじめ、30代ではコンチネンタルチームにも入った
- ◉ 実業団レースでは、プロを下して勝ったこともある

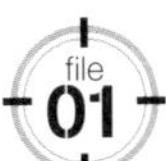

30年を超えるキャリア

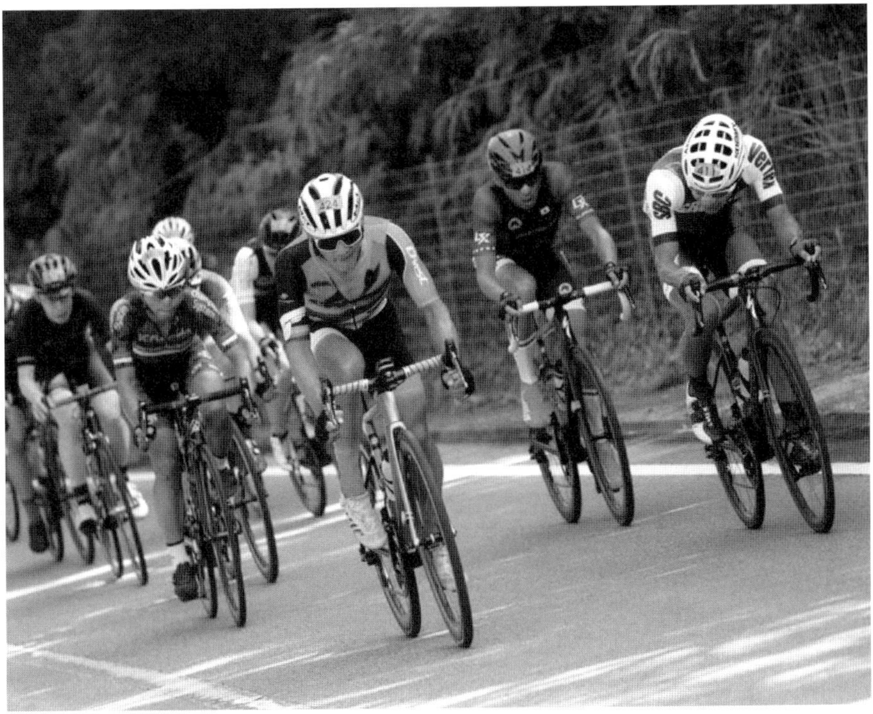

30年間以上走り続けてきた西谷さんだが、まだまだ現役だ

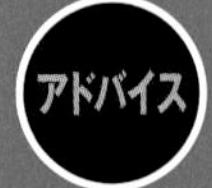

アドバイス **20代のころはあまり走れませんでしたが、練習時間がとれるようになると段々と実力が付き、やがて自分の力を世界で試したくなりました。**

体は自転車で「すり減る」

◎年齢よりも積算距離が重要

54歳になった西谷さんは、いくつかの点で衰えを感じるが、それが年齢によるものなのか、それともロードバイクに乗ってきた距離によるものなのかはわからないという。

「年齢の影響ももちろんあると思うのですが、それ以上に、たくさん乗ってきたことで体がすり減った気もします。残念ですが、乗れば乗るほど体は消耗します」

つまり、歳を重ねるほど衰える傾向があるのは確かだが、それは年齢によるものだとは限らないということだ。

西谷さんは、人間の体には自動車のように、積算走行距離に限界があるという。

「自動車は10万kmくらいで買い替えると言いますが、人間も、50万kmくらい走ると徐々に体にガタが来るのかもしれません」

西谷さんの場合、衰えを感じ始めたのは40歳を過ぎた時期だったという。小川村でプロに勝ったころだ。

「僕が20代、30代のころは今のようにパワーメーターもなく、とにかく距離を走ることで強くなれると信じられていた時期でした。僕も毎月、最低でも３０００kmは走っていましたが、確かに強くなりましたね。メニューもなく、ひたすら走るだけです」

１日あたりの平均距離は１００km以上。これだけのトレーニング量をこなせたのは若かったからだと西谷さんは振り返る。

ポイント

- 年齢による衰えとは別に、積算走行距離による衰えがある
- 50万kmを過ぎたころから、衰えを感じ始めた

パワーメーター

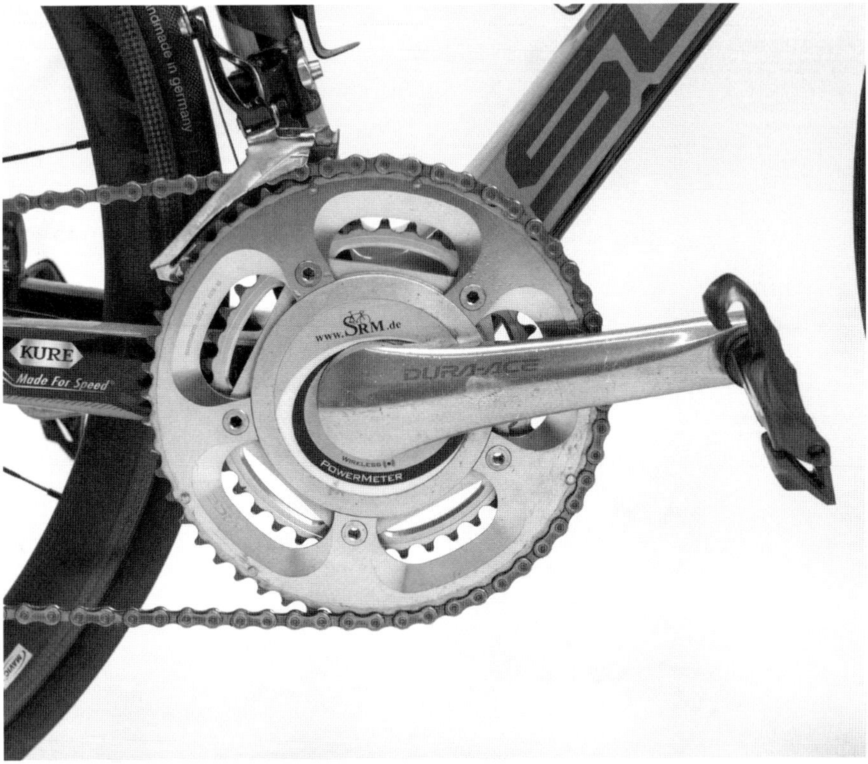

2010年代からはホビーレーサーにも広まったパワーメーター。パワーを計測することで、短時間でも効果的なトレーニングができるようになったと言われる

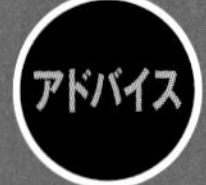

アドバイス **30代くらいまでは、ひたすら距離を乗り込む方法もありかもしれません。しかし、歳を重ねると、そのやり方では厳しくなります。**

年齢を重ねて「崩れやすくなった」

◎調子に波が出てきた

54歳になった西谷さんだが、実はトップコンディションでの強さは以前と大きくは変わらないという。

「調子がいいときは前とあまり変わりません。でも、大きく崩れることが増えました。昔なら悪くても20位くらいで終えられたレースでもリタイア、とか」

脱水に陥りやすくなったり、疲労の影響を受けやすくなったのも年齢に伴う変化だ。

「自分でも戸惑いましたね。『何をやっても大丈夫』という自分への過信があったのか、多少トレーニングの疲れがあってもレースを走れていたのに、それがダメになったんです」

したがって、コンディションの波をきちんと調整しないと、まったく走れないレースも出てきてしまった。40歳くらいのころだという。

「40歳までの、走れば走るほど強くなるという理論が通用しなくなってしまいました。むしろ走るほど弱くなるんじゃないかと感じたくらいです」

さらには、不整脈や喘息といった体のトラブルも西谷さんを襲った。

「トップコンディション自体はあまり変わらなくても、それを維持できなくなったんです。体の賞味期限が来てしまった、と思いましたね」

もちろん、それでも西谷さんは走り続ける。

ポイント

- ◉ トップコンディションは、若いころとあまり変わらない
- ◉ コンディションが安定せず、崩れることが多くなった

コンディションの変化のイメージ

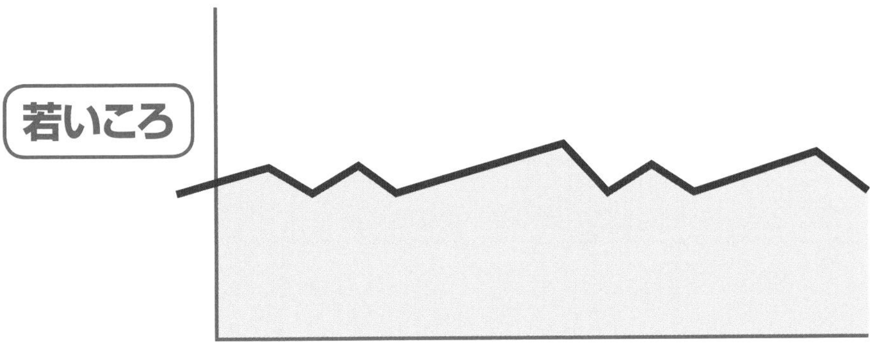

現在

×　×

好調時のパフォーマンスは以前と変わらないが、
大きく崩れることが多くなった

強さというより、コンディションが不安定になり、大崩れしやすくなった点に年齢の影響を感じます。

短時間・高強度のほうがピークが長い？

◎乗り込み中心だと衰えやすい

40歳前後からコンディションが崩れやすくなった西谷さんだが、それは必ずしも年齢のせいとは限らず、走ってきた距離のせいかもしれないと感じている。

「僕は長距離（長時間）乗り込むトレーニングが中心だったのですが、対照的に、短時間・高強度の練習をしてきた人は、歳を重ねてもトップコンディションを保ちやすい印象を受けるんです。乗り込みばかりをやっていてずっと強い人は思い当たりませんね」

トレーニングのボリュームは、強度×時間で表せる。したがって、同じボリュームでも、強度が高ければ短時間で済む。

それはつまり、強度の高いトレーニングを中心に行えば、トレーニングボリュームが同じでも積算走行距離を減らせる＝選手寿命を延ばせることを意味している。

「若い選手に距離を乗り込むことを勧める人は今もいますが、ちょっと考え方が古いのではないでしょうか。

ローラー台のトレーニングですぐに強くなる若い人が多いのも、短時間・高強度の競技であるシクロクロス出身の選手が活躍しているのも、結局高強度のトレーニングが効くからだと思いますよ」

そして西谷さん本人も長距離の乗り込みを止め、短時間・高強度のトレーニングにシフトした。

ポイント

- ◉ 短時間・高強度トレーニングが中心だと選手寿命が長い
- ◉ 高強度トレーニングだと走行距離を短くできるため選手寿命が延びる？

トレーニングボリュームは強度×時間

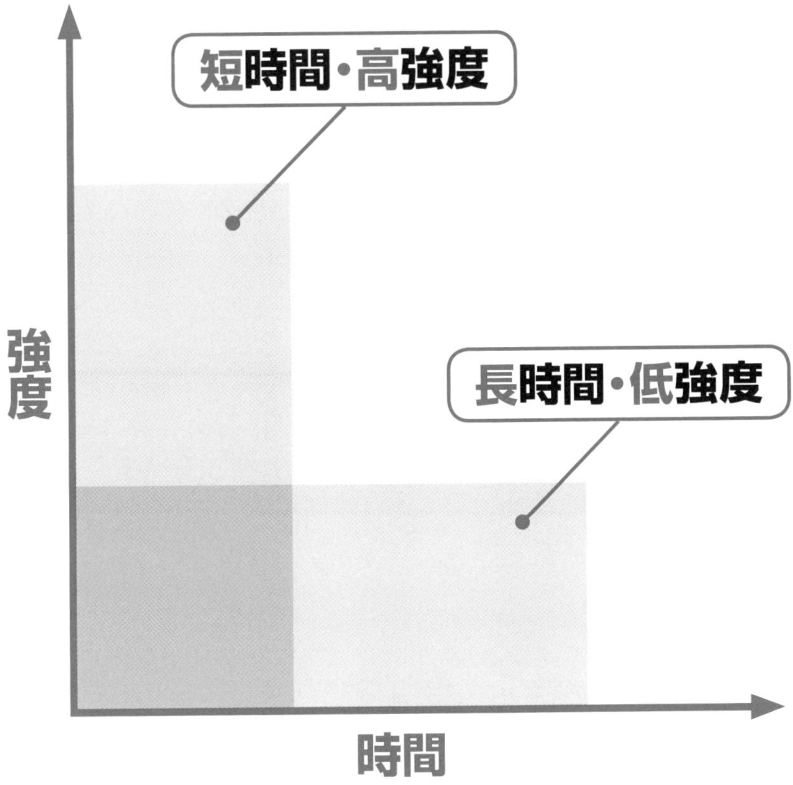

トレーニングのボリュームは強度×時間(距離)で表される。
ということは、強度が高ければ距離を短くできるということだ

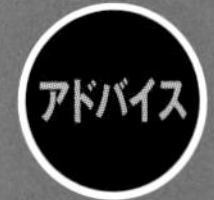

アドバイス
長距離を乗り込むより、狙いを絞った高強度トレーニングをするほうが、結果的に体への負担も小さくて済むのかもしれません。

短時間・高強度はすぐに回復できる

◎長距離の疲れは回復しづらい

西谷さんが長距離の乗り込みを止めたのは、回復に時間がかかるからでもある。

「ロングライドの疲れって抜けにくいんですよね。２００㎞くらい走ると、３、４日は疲れを引きずるようになりました。若い頃はそんなことはなかったんですが、ある歳になると、ドローンと疲れが残るようになってしまう」

若い頃は乗り込みで強くなってきた西谷さんだが、歳を重ねると同じことはできなくなってきた。

そこで西谷さんは、高強度中心のトレーニングに切り替えた。50歳を過ぎてからの話だ。

「同じトレーニングボリュームでも、短時間・高強度のほうが素早く疲れが抜けるんです。だから、歳を重ねた人には高強度のほうが向いています」

高強度トレーニングに苦手意識を持つサイクリストも多いが、体は強度に順応すると西谷さんは言う。

「体が高強度慣れするんです。いつでも高強度で走れるようになる。上りに入ると無意識のうちにペースを上げるようになりました」

トレーニングボリュームが同じなら、素早く回復できるトレーニングのほうがいいはずだ。それが西谷さんが高強度中心に切り替えた理由だ。

ポイント

- ◉ 長時間のロングライドは疲れが残りやすい
- ◉ 同じトレーニングボリュームでも高強度だと疲れが抜けやすい

高強度なら素早く回復できる

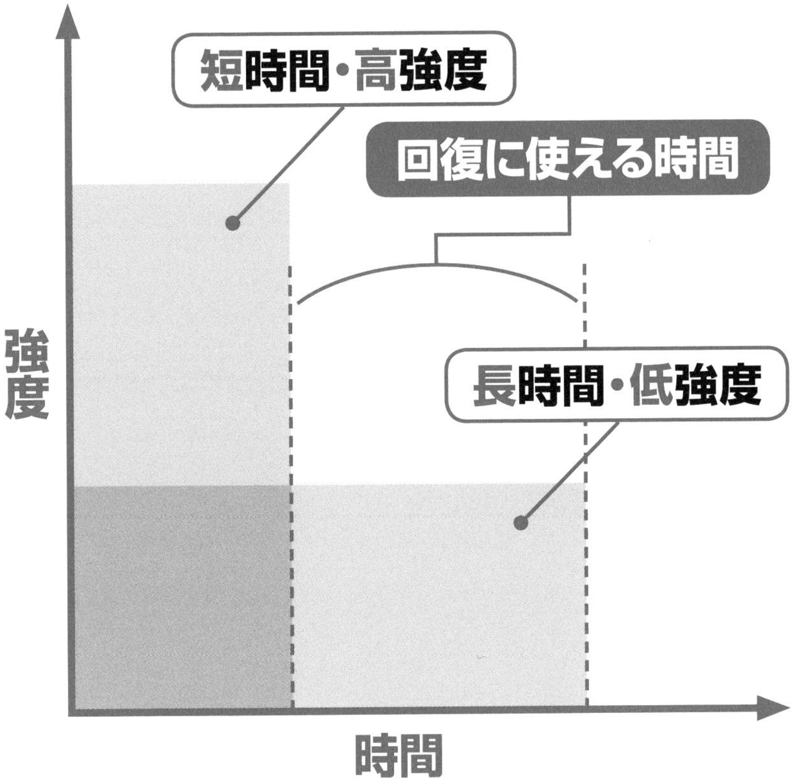

トレーニングボリュームが同じでも、高強度トレーニングのほうが回復に使える時間は長い

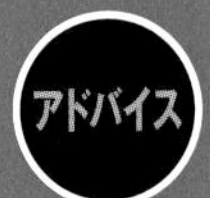

アドバイス
自転車が好きなので今もつい距離を乗りたくなってしまうのですが、疲れが残ります。疲れに疲れを上塗りして強くなれるのは若い時だけです。

ＦＴＰを20W上げたＳＳＴ走

◎ＦＴＰを上げると余裕ができる

50歳を超え、１００万㎞近く走りこんできた西谷さんが新たに取り組みはじめたのが、ＦＴＰを上げるための、ローラー台でのＳＳＴ（スイートスポット）走だった。

ＳＳＴとは、１時間全開走の平均パワーであるＦＴＰ（Functional Threshold Power）の90％前後のパワーを指し、効率的にFTPを上げられると言われている。

ＦＴＰアップは基礎的なトレーニングだが、長いキャリアを持つ西谷さんが今になって始めたのはなぜだろうか。

「ＦＴＰを上げるとレース中に楽ができるからです。ロードレースでもヒルクライムでも、ＦＴＰの高さは大事です」

西谷さんのＳＳＴ走は、ローラー台で、オンライントレーニングアプリ「Ｚｗｉｆｔ（ズイフト）」を使って行う。

「1本40分ほどかかるヒルクライムコースを、２本に分割して走っています。20分のＳＳＴ走×２本ということですね」

ＳＳＴ走は20分程度のメニューとして行われることが多いが、それをローラー台上で行っているということだ。

このトレーニングをほぼ毎日、１年ほど続けた結果、西谷さんのＦＴＰはおよそ20Ｗも向上したという。30年、１００万㎞近く走ってきたにも関わらず、ＦＴＰが一気に伸びたのだ。

「年齢は関係ありません。やれば伸びます」

ポイント

- ◉ FTPはレースでの基礎力。FTPが高いほど楽ができる
- ◉ SST走を毎日続けた結果、1年で20WもFTPが上がった

ローラー台でのSST走

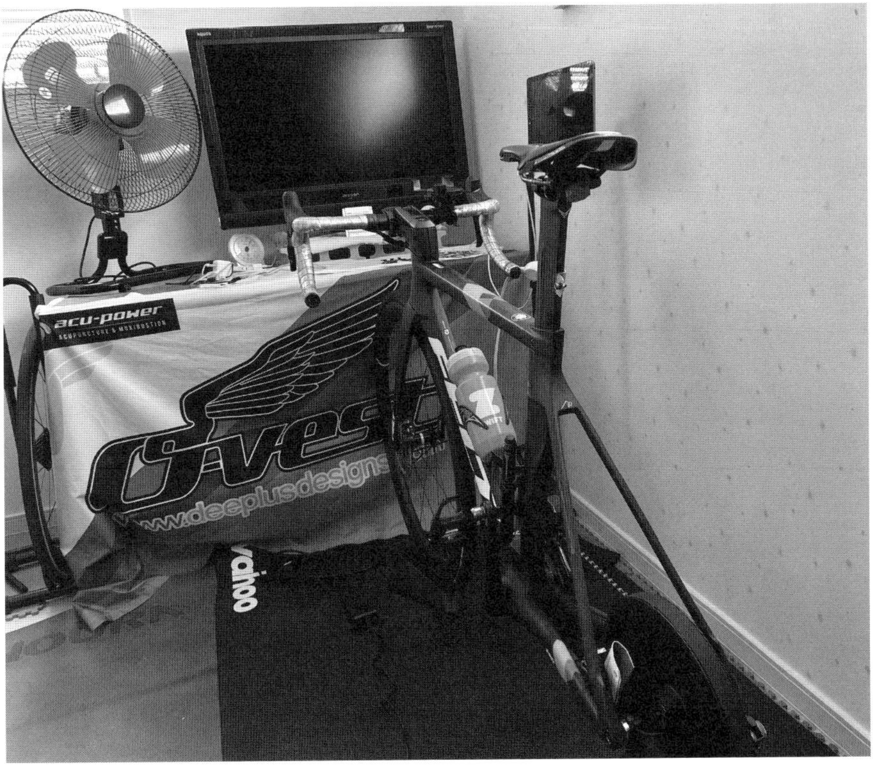

オンライントレーニングアプリ「Zwift」を使い、20分のSST走を毎日２本行う

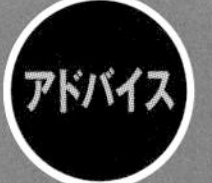

アドバイス FTPを上げることは基礎的なトレーニングですが、重要です。そして、実行すれば結果は付いてくるのです。

レースのスピードに対応する10分走

◎高強度は実走のほうがいい

ローラー台でのSST走と並んで今の西谷さんの中心的なトレーニングになっているのが、10分走だ。20分走×2本と、全力での10分走×1〜2本が、西谷さんの毎日のトレーニングの内容になっている。

レースでのベースを作るのがSST走だが、10分走はレースで勝負がかかった場面に対応している。

「レースの上りでペースが上がった状況を想定しています。こちらも効果を実感していますよ」

ローラー台で行うSST走との重大な違いは、10分走は実走で行っている点だ。

「SST走はローラー台でいいのですが、10分走の強度までは実走じゃないと上げられないんです。だから、近所の短い峠でやっています」

つまりローラー台でSST走をやり、次に外の峠で10分走を行う、というのが西谷さんのルーチンだ。西谷さんはこのトレーニングを週5日ほど行い、残りの2日はローラー台で軽く流す程度だという。

「心臓（不整脈）も気管（喘息）もよくないんですが、苦しいなりに高強度トレーニングを続けていると、確実に強くなれます。むせるまで追い込み続けていると、だんだんそれが癖になるんです」

結果はパワーの向上として明確に表れている。

ポイント

- ◉ レースでのペースアップに対応するのが10分走
- ◉ この強度はローラー台ではなく実走で行う

西谷さんの一週間

月曜日	ローラー台での20分SST走×2と 峠での10分走×1～2
火曜日	20分SST走×2 10分走×1～2
水曜日	ローラー台で流し
木曜日	ローラー台での20分SST走×2と 峠での10分走×1～2
金曜日	20分SST走×2 10分走×1～2
土曜日	流し
日曜日	ローラー台での20分SST走×2と 峠での10分走×1～2

SST走と10分走のみ。強度が高いトレーニングメニューだけで構成されている

毎日、高強度トレーニングを続けていますが、高強度に慣れてきました。もちろん、追い込みすぎには注意です。

心肺か？　筋肉か？

◎心肺の衰えを筋力でカバーする

サイクリストのフィジカルに求められる能力は、心肺能力と筋力とに大別できる。

いずれも歳を重ねるにつれ衰えていくが、一方を他方でカバーできる可能性もあると西谷さんは言う。

「心肺能力はなかなか鍛えにくいですし、僕みたいに不整脈や喘息などのハンディがあるとさらに能力は落ちますが、その分を筋力アップでカバーできないかなと思っています。要するに、心肺はだめでも筋力で走れないかなと思うんです」

◎高強度メニューは筋トレでもある

そして長距離の乗り込みから高強度トレーニングに切り替えたのは、筋力アップのためでもあるという。高強度メニューには筋力トレーニングとしての意味もあると考えているためだ。

「SST走以上の強度は筋トレにもなっていると思うんです。だから高強度でトレーニングすることは、衰えてきた心肺をカバーすることにもなります」

西谷さんのペダリングが比較的ケイデンスが低く、心肺能力よりも筋力で走るスタイルなのも、トラブルを抱えた心肺能力を筋力がカバーするためだという。

心肺能力と筋力。一方の衰えを、もう一方でカバーすることは可能なのだ。

ポイント

- 心肺能力の衰えを筋力でカバーすることができる
- 高強度メニューには筋力アップも期待できる

心肺で走るか筋力で走るか

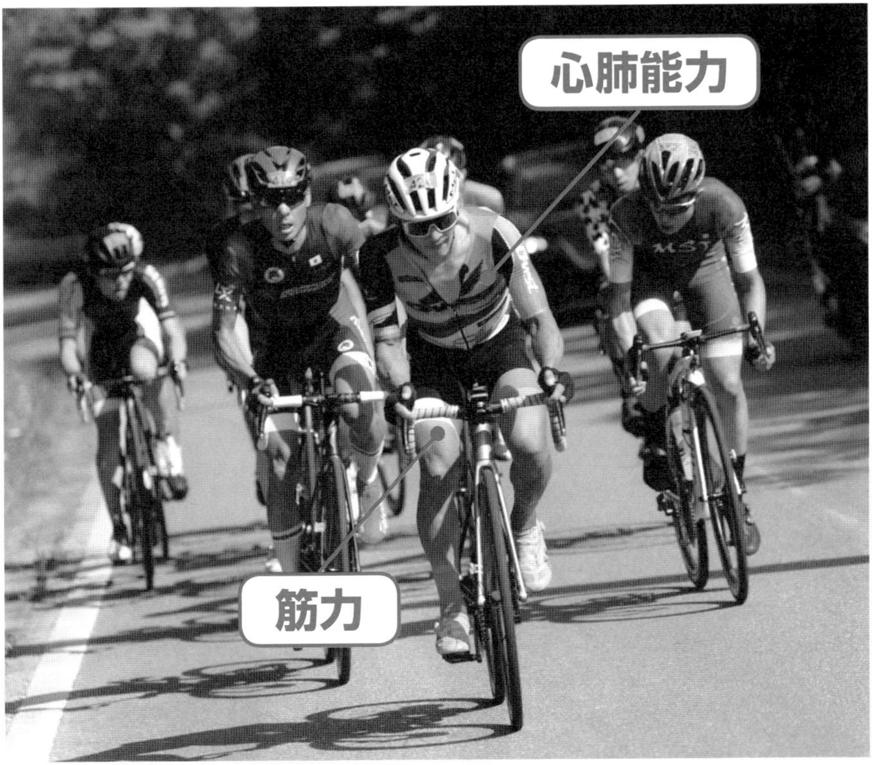

心肺能力に頼って走るか、それとも筋力で走るか。二通りの走り方がある

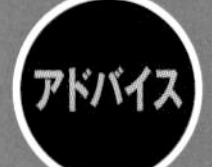

アドバイス 不整脈と喘息を持っている僕は特殊かもしれませんが、心肺の衰えを筋力でカバーする選択肢があることは知っておいていいでしょう。

強くなるなら高強度だけでOK

◎勝つためなら乗り込みは不要

30年間・100万km近く乗り込みを続けてきた西谷さんだが、たどり着いた結論は「レースに勝つためには長距離の乗り込みは不要」というものだった。

「目的がはっきり『レースに勝ちたい』『速くなりたい』という人なら、乗り込みはいらないと思います。今の若い人はローラー台やパワーメーターを使ったトレーニングでどんどん速くなっているじゃないですか。結局、目的に特化した高強度メニューをやるのが一番効果的なんです」

ローラー台やパワートレーニングに偏ると、フィジカルは強くなるがスキルが伴わないという意見もある。スキルを身に着けるためには乗り込みが欠かせないというものだ。

しかし、西谷さんはそうは思わない。

「たくさんの人を見てきましたが、スキルは才能の影響が大きいのと、何よりもスキル不足の自覚がない人が多いのです。漫然と乗り込むだけではだめで、自分にどのスキルが足りないのかをちゃんと把握しましょう」

乗り込みばかりを薦めるのは時代遅れだ、と西谷さんは考えている。

「古い人は乗り込みばかりやってきたので気持ちは分かりますが、残念ながら、時代は変わったんです」

では、高強度トレーニングだけをやれば、それでいいのだろうか？

ポイント

- ◉ 速くなるためには高強度メニューがもっとも効果的
- ◉ スキルは才能によって決まる面が強い

レースでのスキル

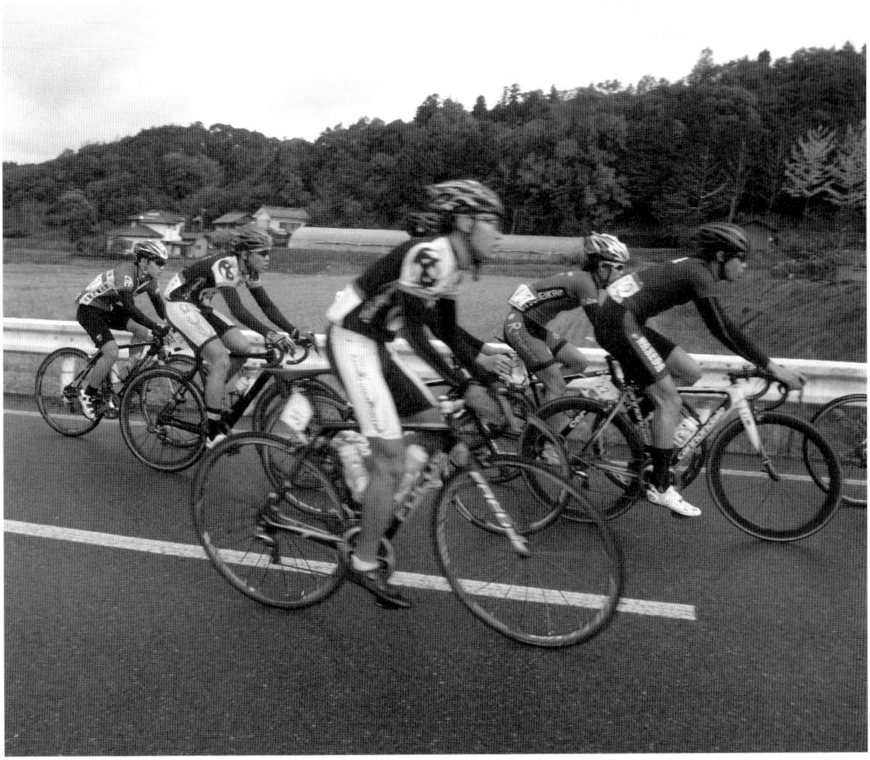

レースで求められるペダリングや体の使い方、効率的なフォームなどのスキルは乗り込みによって身に着けると言われてきたが……

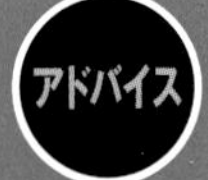

アドバイス **トレーニング方法や環境は進歩しています。乗り込みにこだわる時代は終わったのではないでしょうか。**

3年目に危機が訪れる

◎みんな3年で止めてしまう

高強度トレーニングには一つ、大きな問題があると西谷さんは言う。モチベーションが続かないことだ。

「若い方で、ローラー台のトレーニングばかりで急激に強くなる人がいますよね。素晴らしいことだとは思いますが、そういう人は、遠くない将来にパタッと自転車を止めるリスクがあります」

西谷さんがこう言うのは、クラブチームの主催者として多くのレーサーたちを見てきたからだ。彼らにはある共通点があったという。

「3年で止めてしまう人が多いんですよ。トレーニングを始めた1年目は楽しいから夢中で走りますよね。2年目はぐっと力が伸びますから、やる気も出る。しかし3年目になると伸び悩み、そこでモチベーションを失ってしまうんです」

フィジカルの伸びはいつかは鈍る。問題は、そうなったときに、何からモチベーションを得るかだ。

「高強度トレーニングやローラー台のトレーニングは、面白くないんです。面白くないから、伸びなくなったら続かない。だけど、ツーリングやロングライドはそれ自体が楽しいですから、ずっと続けることができる。『がんばらない人』ほど続けられるんです」

ベテランレーサーに向いていると思われた高強度トレーニングにも落とし穴があった。

ポイント

- ◉ 高強度トレーニングはフィジカルの伸びが止まると続かなくなる
- ◉ 乗り込みは楽しいため、いつまでも続けられる

乗り込みは楽しい

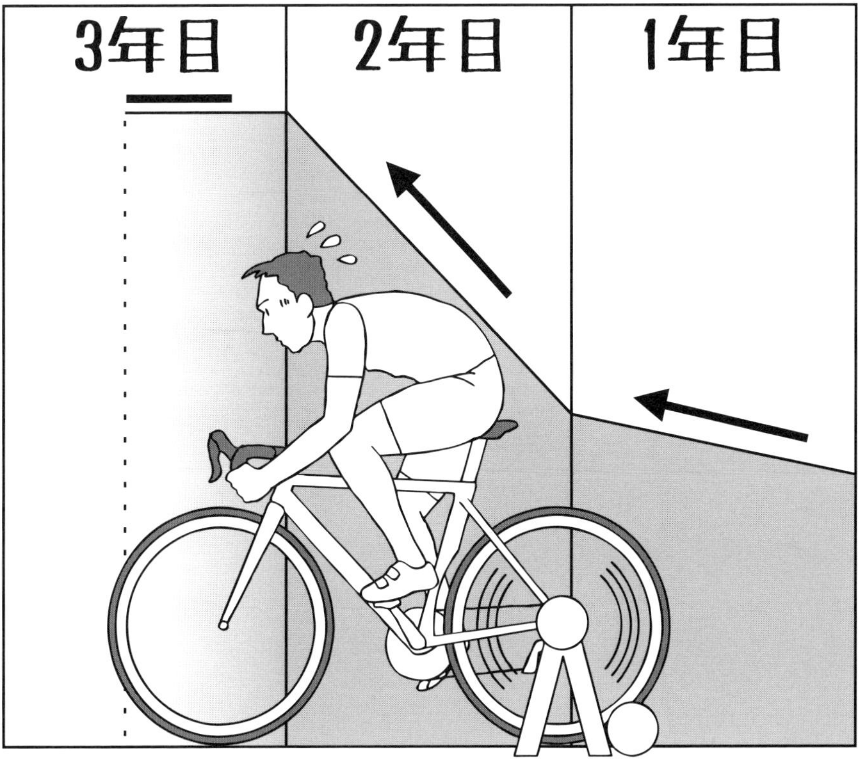

3年目　2年目　1年目

実力が伸びにくくなったとき、どのようにモチベーションを維持するかが課題だ

高強度メニューで急速に強くなり、しかし、ある時にふっといなくなるレーサーはたくさんいます。続けにくいのが高強度メニューの弱点です。

速くなることよりケガをしないこと

◎速いのに下手な人が増えた

西谷さんが心配しているのは、レース中の落車が増えていることだ。歳を重ねたレーサーにとって何よりも避けたいのはケガだが、そのリスクが高まっているのだ。

「昔から落車はありましたが、速い人たちは走りが上手かったので、速いグループなら安全でした。それが、今は速いのに危険な走りをする人が増えてしまった」

原因としては、ローラー台や高強度のフィジカルトレーニングばかりで速くなったレーサーが増加したことが考えられる。だが西谷さんは、それ以上に、「口うるさいおじさん」が減った影響が大きいと推測している。

「昔は危険な走りをすると年上の人に怒鳴られたものですが、今、チームを主宰している30代や40代は優しいので、あまり注意をしない。そのせいで、危険な走りをしている自覚がない人が増えてしまいました」

ベテランレーサーには、正しい走り方を次の世代に継承する役割も求められる。

「速くなることよりもケガをしないことの方がずっと大事です。ベテランのレーサーにとってはなおさらそう。だから、チーム内や仲間内では、危険な走りを指摘すべきです。怒鳴る必要はありませんが、指摘しても気分を害さないような人間関係を築くのもチーム作りのうちですよ」

ポイント

- ◉ ホビーレースでも危険な落車が増えている
- ◉ 正しい走り方を伝えられるベテランが減ってしまったのも要因

落車の激増

プロのレースのみならず、ホビーレースでも落車が問題になっている

アドバイス **走り方は教えられないと学べません。怒らなくていいですが、必要に応じて注意はすべきです。**

落車を避けるための2つのルール

◎落車の要因は2つ

ベテランレーサーが若手に伝えるべき安全な走りとは何か。西谷さんによると、落車の原因は大きく分けて2つあるという。

「1つはブレーキがかけられないこと。自覚がない人が大半ですが、ブレーキがかけられない人はトップ選手でも少なくありません。

たとえば練習中に急に信号が変わって急ブレーキをかけたときに、前走者の後輪を超えて止まる人がいますよね。それはレースなら転んでいますから、ブレーキがかけられないということです」

ブレーキがかけられないのは、バランス感覚が不足して急ブレーキ時に左右にブレることと、後方への体重移動ができないためだという。

もう一つの落車の要因は横の移動だ。

「周囲を確認せずに横に動くのは絶対にNGなのに、そのことを教わってない人が非常に多いんですね。先頭交代でも、周りを確認してゆっくり横に出るべきなのに、いきなりさっと横移動する。落車を引き起こすに決まっています」

このような動きをするサイクリストには注意をし、落車につながる危険な動きであることを伝えなければいけないと西谷さんは言う。

「ケガをしないこととケガをさせないことは最低限のマナー。それを継承するのはベテランレーサーです」

ポイント

- ◉ 落車の要因はブレーキのスキル不足と横への不用意な移動の2つ
- ◉ 周囲を確認せずに急に横移動するのはNG！

急ブレーキのフォーム

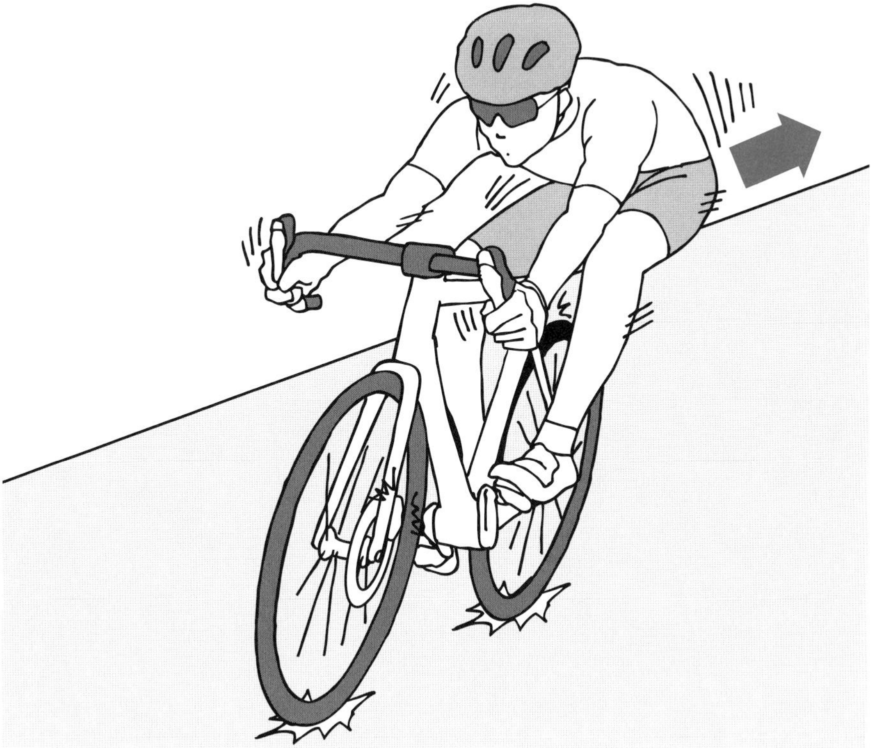

腰を引いて重心を後ろに移すことで前転を防ぐ。また、左右にブレないよう左右バランスも意識

アドバイス

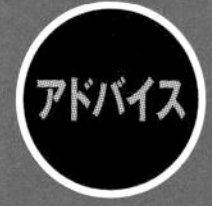

練習では腰を引いた急ブレーキができる人が多いのですが、とっさの時に無意識でできなければ意味はありません。体に染みつくまで繰り返し練習しましょう。

何歳からでも速くなれる

◎継続こそ力なり

長距離の乗り込みから短時間・高強度メニューへ。50歳を過ぎてから大きくトレーニング方法を変えた西谷さんだが、結果は大幅なパワーの向上として現れた。高強度トレーニングは何歳になっても有効なのだ。

だが、高強度トレーニングだけではここまで走り続けられなかったとも西谷さんは振り返る。

「高強度練習は効きますが、面白くないし、いつか伸びなくなる。その時にもモチベーションを維持して走り続けられればもっと強くなれます。そのためには、楽しむためのロングライドも必要かもしれません。僕は高強度ばかりではなかったから、ここまで走ってこられたんだと思います」

強くなるためのトレーニングと、楽しむためのライドを両立するのが長く楽しむコツかもしれない。確かなことは、100万km以上走りこんできたベテランレーサーでも、トレーニングを変えれば体も変わるということだ。

長く続けるためにはケガを避けることも大切だ。特にベテランレーサーには、安全な走りを周囲に啓蒙する責任もある。

「サイクルスポーツは一生楽しめる遊びです。でも、続けるためにはがんばりすぎないことがもっとも大切かもしれませんね」

安全と、楽しむことを忘れないことが継続の秘訣かもしれない。

ポイント

- ◉ 乗り込みから高強度トレーニングへの切り替えで結果を出した西谷さん
- ◉ ただし、継続するためには楽しみのためのロングライドも必要か

自転車は一生のスポーツ

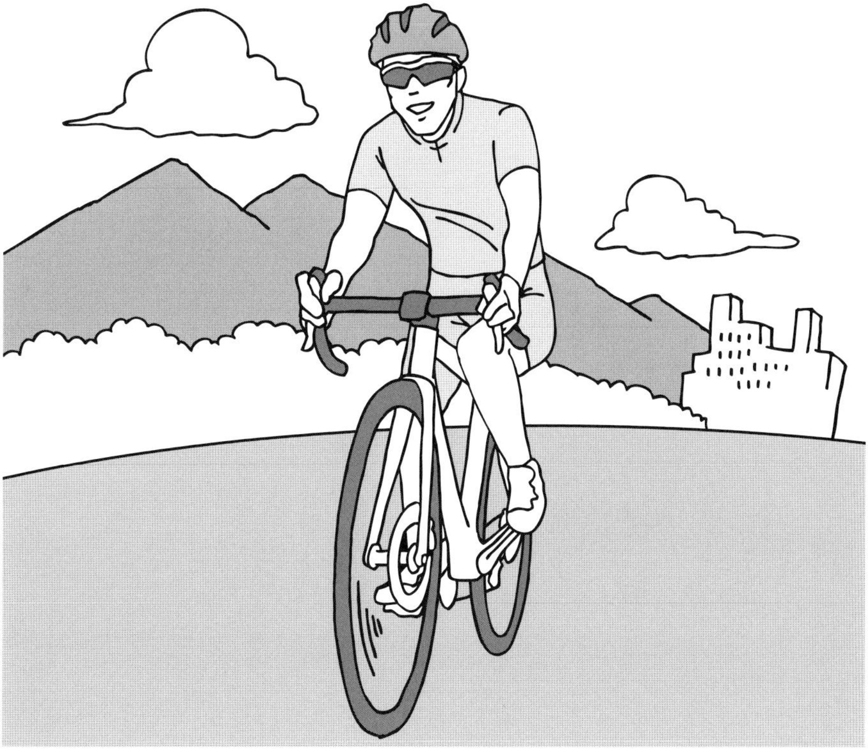

自転車は何歳になっても楽しめる。そのためには、安全と、継続するためのモチベーションが大切だ

アドバイス

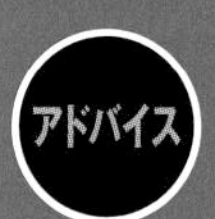

僕は100万㎞近く乗り込んできて、今になって「つまらない」高強度メニューに切り替えました。でも、ここまで走ってこられたのは楽しめる乗り込みを中心にしてきたからだと思います。

Column ❶

バーチャル空間はストレスフリー

西谷さんは長いこと東京に住んでいたが、数年前に山梨県に引っ越した。乗り込み好きの西谷さんは、自動車や信号だらけの東京の環境にストレスを感じてきたからだ。走りやすい峠まで行くにしても、アプローチの最中は自動車や信号が多い。

ところが、走りやすい山梨県に移住する直前に、西谷さんはそれまで苦手だったローラー台トレーニングにハマることになる。仮想空間で走ったりレースしたりできるトレーニングアプリ「ズイフト(Zwift)」に出会ったからだ。

多くのホビーレーサーがオンラインレースを楽しむズイフトだが、西谷さんの使い方は個性的だ。オンラインレースはせず、毎日、ズイフト世界でヒルクライムを楽しんでいるのだ。

「バーチャル空間だと峠にたどり着くまで信号だらけの道を走る必要がなく、バイクにまたがったらすぐにヒルクライムを楽しめる。玄関を開けたら、そこに峠があるのと同じです」

50歳を過ぎて出会ったストレスフリーのバーチャル空間は、西谷さんにとっての理想郷に近いのかもしれない。

自分の体を観察する

狩野智也さん

TOMOYA KANOU

1973年生まれ　48歳

主要な成績

1996　世界選手権トラックポイントレース／9位
1997　ワールドカップトラックポイントレース／6位
1998　全日本選手権トラックポイントレース／優勝
2002　ツール・ド・韓国／総合2位
2004　ツール・ド・台湾／総合2位
2005　アムステルゴールドレース出場　その他国内レース優勝多数

※プロフィールは2021年9月現在

トラックからヒルクライムへ

◎トラックを期待されて入ったシマノ

48歳の今も国内強豪プロチーム、マトリックスパワータグで走るのが狩野選手だ。

2000年代のシマノレーシングの黄金時代を支えた名選手であり、国内レースではヒルクライムを中心に無数の勝利を挙げてきた。アジアやヨーロッパのレースでも結果を出しており、2005年にはアムステルゴールドレースに日本人として初出場を果たしている。

ヒルクライムのイメージが強い狩野選手だが、もともとはトラック中心の選手だった。世界選手権やワールドカップでも上位に食い込んでいる。

「1999年にシマノに入ったときにはトラックでの成績を期待されていたんですが、蓋を開けたら栂池ヒルクライムを勝ったりと、ロードレースでも結果を出せた。だからロードレースは第二の人生みたいなものです」

第二の人生は長かった。名門チームを渡り歩いてきた今も、まだ国内トップカテゴリーのJプロツアーを走っている。

「モチベーションは全然ありますね。パフォーマンスは20代とまったく同じだとは思いませんが、プロのレースでは必要な仕事をするのが重要で、仕事ができるだけの力はあります。だから問題ありません」

国内トッププロとして走り続ける狩野選手は、歳を重ねることをどう見ているのだろうか。

ポイント

- ◉ 日本を代表するレーサーである狩野選手
- ◉ トラック競技や海外レースの経験も豊富

第一線で走り続ける

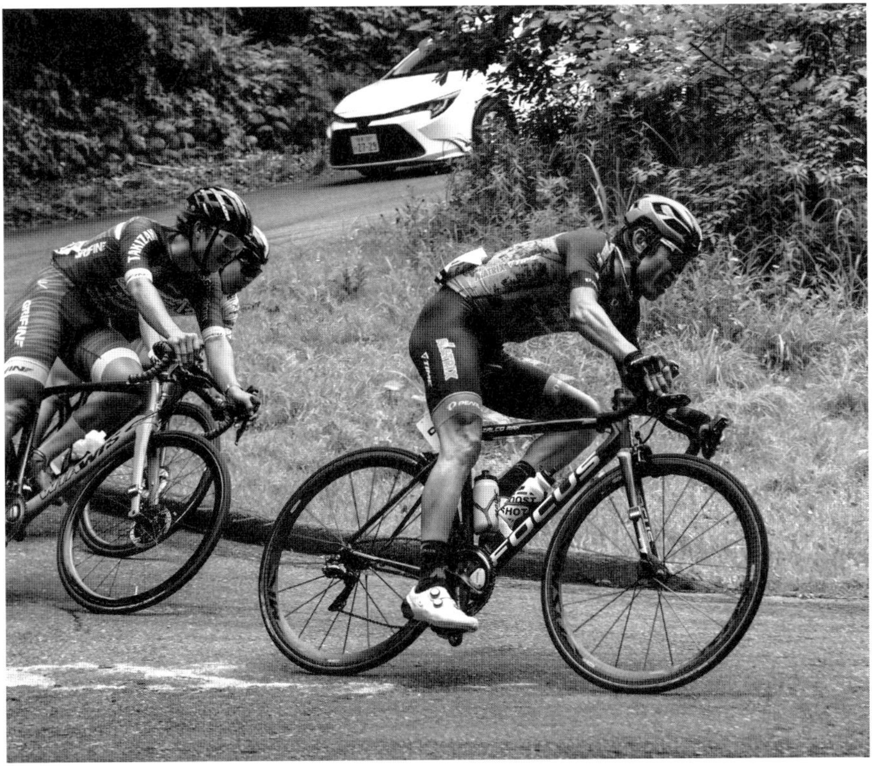

トラックレースからロードレースに軸足を移してからも、名選手として長く活躍している

アドバイス

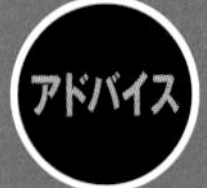

ロードレースではアシストも重要で、アシストにはレース経験や状況判断能力も必要です。ベテラン選手にも大いに存在意義があります。

プロは疲れと付き合うのも仕事

◎疲れるのはレーサーの宿命

狩野選手も年齢の影響を感じることはあるというが、あまり大きな問題ではないようだ。

「40歳くらいから疲れが取れにくくなるのは、皆一緒だと思います。でも、そもそも、トレーニングをする人間にとって疲れは宿命なんです。20歳でも50歳でも、走れば疲れるのは当然です」

プロとして長年走ってきた狩野選手にとって、疲労と付き合うのは当たり前の作業のようだ。

「疲れているなら練習内容を調整したり、回復に時間をかければいい。若い頃も、トレーニングに出発しても明らかに疲れが残っていたら中止して引き返すこともありましたから、疲れへの割り切りは前から持っていました。ヨーロッパの監督にトレーニングを教わっていたこともあるんですが、『いつもと同じメニューをやっても普段通りに心拍数が上がらなかったら帰れ。無理をすると疲れがとれなくなるぞ』と言われていましたね」

レースとトレーニングを繰り返す日々を送るプロにとっては、疲労への対処も仕事のうちだということだ。

ただし、40歳を過ぎて疲れがとれにくくなったのも事実。ハードなトレーニングをした後は、回復に時間がかかるようになったという。したがって、今まで以上に疲労を観察しなければいけなくなった。

ポイント

- ◉ 疲労が抜けにくくなり、回復に時間がかかるようになった
- ◉ 走る以上、年齢問わず疲労とは付き合わなければいけない。疲労への対処も仕事のうち

疲労と付き合うプロ選手

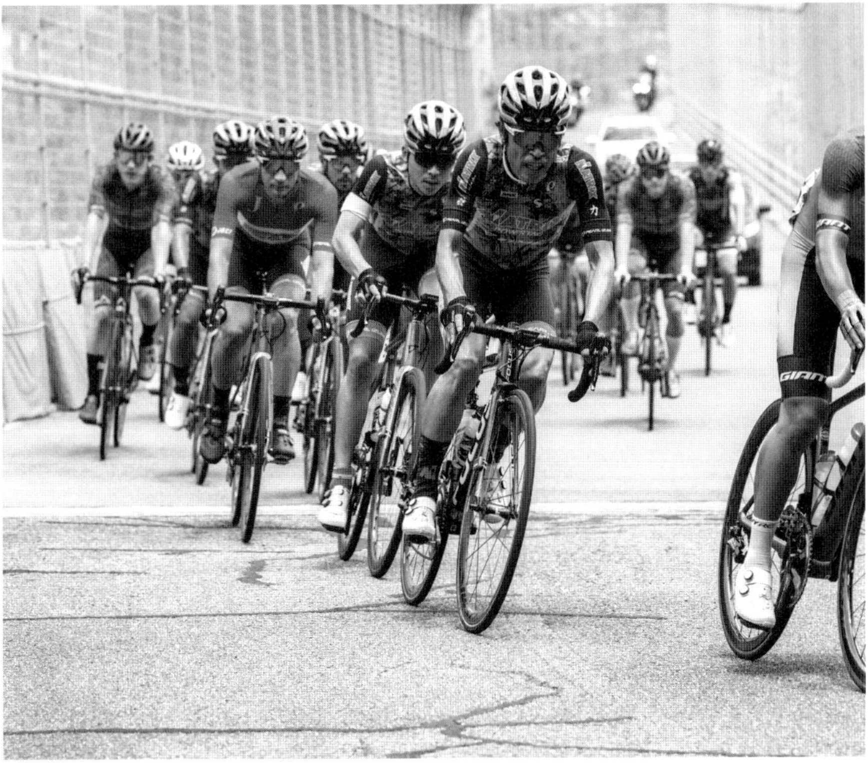

仕事としてレースやトレーニングを続けるプロ選手と疲労は、切っても切れない関係にある

アドバイス
疲労はトレーニングをするサイクリストの宿命です。上手く付き合うことを考えましょう。

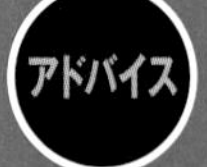

トレーニングのプランが立てにくい

◎トレーニングのプランを立てにくい

今の狩野選手は専業の選手ではなく、フルタイムワーカーとして働きながら走っているが、トレーニングのプランを立てにくくなっているのが悩みだという。

「次のレースに出るかどうかは直前になって決まるので、いつでも走れる状態にしておかなければいけません。だから、仕事の合間に時間を作って、『走れるだけ走っておこう』という感じですね」

平日は朝から18時前後まで仕事があるため、昼に1～2時間ほど走るだけ。週末は基本的に休みなので4～5時間ほど走るが、狩野選手は、いきなりレースに呼ばれる可能性もある。

「専業のプロレーサーなら目標とするレースに向けてトレーニングを重ねるのですが、私はいつレースに呼ばれるかわかりませんし、どのくらい疲労が残っているかはトレーニングの当日にならないとわからない。トレーニングから戻っても仕事があります。だから、トレーニング内容は前もって決められず、その時になってフレキシブルに調整しなければいけないんです」

仕事の合間を縫ったトレーニングといい、長期的な計画を立てづらい点といい、今の狩野選手はホビーレーサーに近い状況に置かれている。

そんな状態で、疲労が抜けにくくなった体とどう付き合っているのだろうか？

ポイント

- ◉ フルタイムで働きながらトレーニングを重ねている
- ◉ レースや仕事の予定が読みづらいのでトレーニングプランを立てにくい

狩野さんの一週間

月曜日	フルタイムの仕事。昼にトレーニング
火曜日	仕事。昼に1～2時間のトレーニング
水曜日	仕事とトレーニング
木曜日	仕事とトレーニング
金曜日	仕事とトレーニング
土曜日	レースがなければ 最長4～5時間ほど走る
日曜日	土曜日と同じ

平日は仕事で、週末は休日だがレースが入ることがある。
たまに平日にレースが入る場合もある

いつレースに出るかわからないので、一定のコンディションを保たなければいけません。だから、体調を見ながら「走れるだけ走る」のが現在のトレーニングです。

調子に応じた複数のプランを持つ

◎最初の10㎞で調子を見きわめる

平日のトレーニングは日中、1～2時間ほど、アップダウンコースを走る。

しかし、コースが決まっているわけではないという。その日の調子によって走る場所や時間を変えているためだ。

「アップダウン区間に出るまで平坦が10㎞くらいあるのですが、LSDよりやや高いペースで走るその10㎞で、当日の調子を見極めるんです。それで、平坦だけで帰るか、それとも丘で少し追い込むかなど、その後の走り方を決めます」

計画的なトレーニングが難しいため、体のコンディションを読みづらい。ならば少し走ることで体を観察し、その後のトレーニング内容を決める。ホビーレーサーにとっても真似しやすいやり方だ。

「強度を上げて追い込むか、ゆっくり走るか、そのまま帰るかなどシナリオをいくつか用意しておいて、当日選ぶのがいいのではないでしょうか。仕事もありレースのスケジュールも読みづらい以上、フレキシブルに切り替える能力が大事です」

トレーニングコースまでは多少アプローチに時間がかかるサイクリストがほとんどのはずだ。ならば、その時間を体の観察に使えれば、その日のトレーニングの質を上げられる。

週末のトレーニングは、時間が4～5時間と長くなるが、走り方は平日に近い。まずはコンディションを見極め、その後走る場所と内容を決める。

ポイント

- ◉ トレーニングコースに出るまでの間に、当日のコンディションを見極める
- ◉ 当日のコンディションに応じてトレーニング内容を決める

複数のシナリオの例

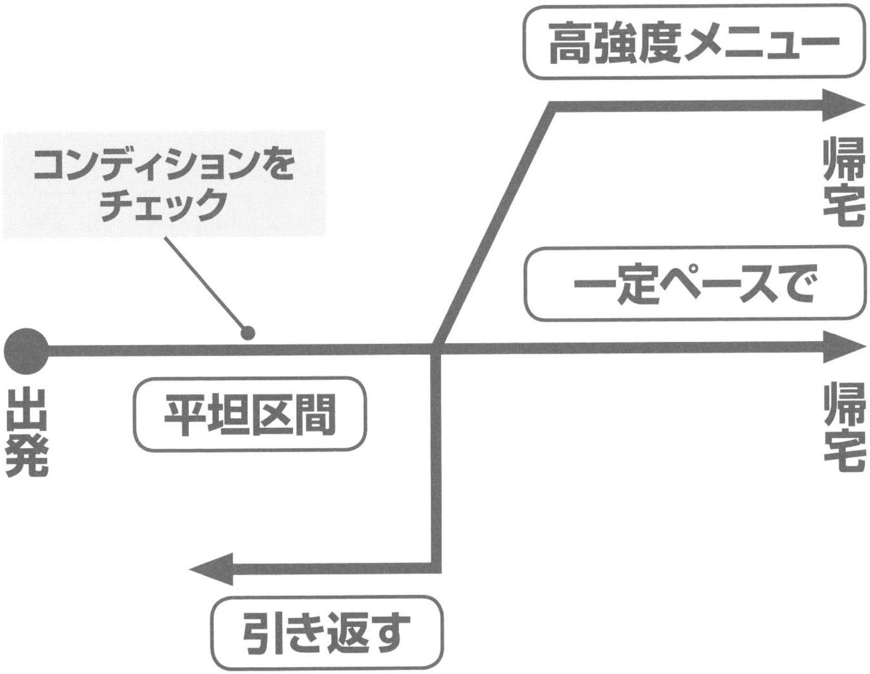

コンディションに応じ、追い込むか、ゆっくり走るかなど複数のシナリオを選べるようにしておく

アドバイス

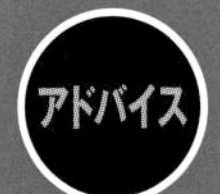

現役時代は心拍数を見てコンディションをチェックしていましたが、今は感覚です。しかし、自分の体を観察することを重視しているのは変わりません。

2種類のトレーニングを区別する

◎強くなるトレーニングとコンディショニング

具体的なトレーニングプランを立てていない狩野選手だが、トレーニングははっきりと2種類に区別している。強くなるため、ベースを底上げするためのトレーニングと、狙うレースに向けて調整するためのコンディショニングだ。

「ヨーロッパプロの場合なら、オフ明けの春先に行うのが強くなるためのトレーニングです。

レース数が多いヨーロッパではシーズンが始まってからはひたすらレースが続くので、レースの合間にコンディショニングとしてのトレーニングを続けることになりますね」

一方のコンディショニングとは、狙うレースに体を順応させるためのトレーニングだ。

「ヒルクライムとクリテリウムでは求められるフィジカルがまったく違いますよね？だからレースごとに調整が必要なんです」

このように、「強くなるためのベーストレーニング」と「コンディショニングのためのトレーニング」を区分するのが重要だ。

レース数が多いヨーロッパプロは、いったんシーズンに入るとコンディショニングとレースだけを繰り返す。

しかし、レースが少ない日本のホビーレーサーの場合は、レース前の1カ月以外の期間はベーストレーニングを行うことを狩野選手は薦める。

ポイント

◉ 強くなるためのトレーニングと調整のためのトレーニングに分けられる

◉ レース前の時期は調整のためのコンディショントレーニングをする

ホビーレーサーの年間トレーニングイメージ

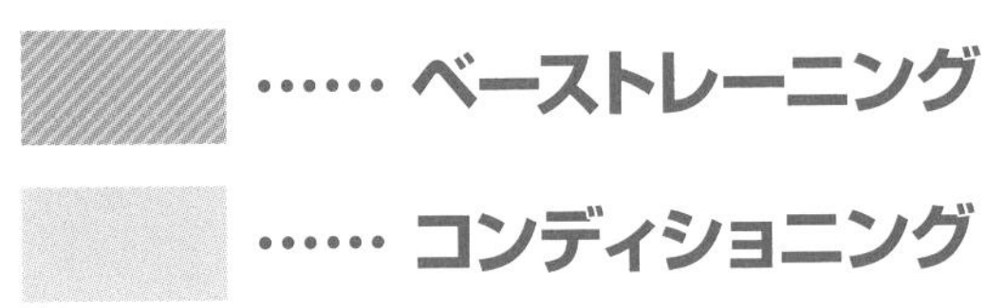

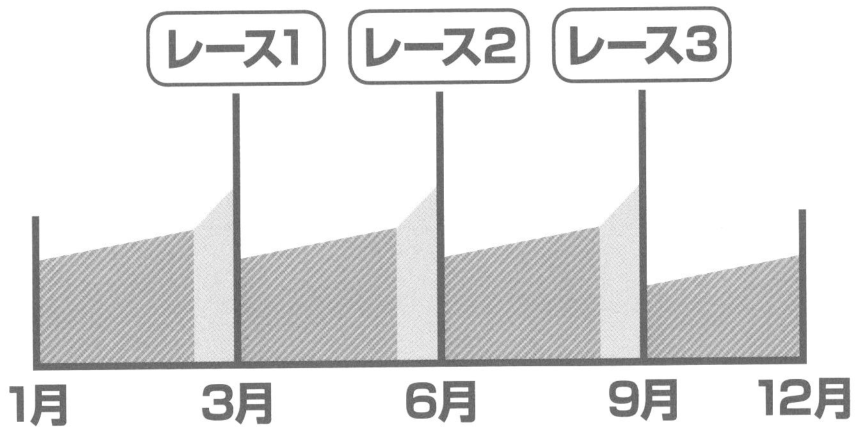

基本的にベーストレーニングを行い、レース前はコンディション調整のトレーニングに移行する

レース前にレースに合わせて体を調整するのはプロとして当然です。したがって、強くなるためのトレーニングができる時期は春先に限られます。

LSDからベースを作る

◎オフ明けはLSDから

現在の狩野選手は長いオフはとらず、冬もトレーニングを続ける。だが、かつての冬には2～3週間のオフをとるのが通例だった。

その後、春先にはじまるのがベース作りのトレーニングだ。

「ヨーロッパのプロだと、強くなるトレーニングをやれるのは春先だけ。シーズン中はレースが続くのでコンディション調整のトレーニングばかりですから」

ベーストレーニングは基本的に乗り込みだ。LSDにはじまり、徐々に強度を上げていく。

「LSDからやらないと故障もするし、疲れてしまう。一回目の合宿はLSDだけで終わることもあるくらいです。その後、翌月くらいから10分走など強度の高いメニューも入れていきます。走り込んでいけば、自動的に速度も上がりますよね？　自然と強度・速度が上がっていくイメージです」

◎LSDは時間で測る

LSDの重要なポイントは、距離ではなく時間で測ることだという。

「『例えば、100kmのLSD』といっても、コースによって3時間で終わることもあれば5時間かかることもありますよね。疲労度を正確に知るためには距離で測るべきではありません」

市街地を走ることも多いホビーレーサーは知っておきたい点だ。

ポイント

- オフ明けのトレーニングは低強度のLSDからはじめ、徐々に強度を上げていく
- LSDは距離で測らず、時間で測る

ベーストレーニングからレースに至る流れの例

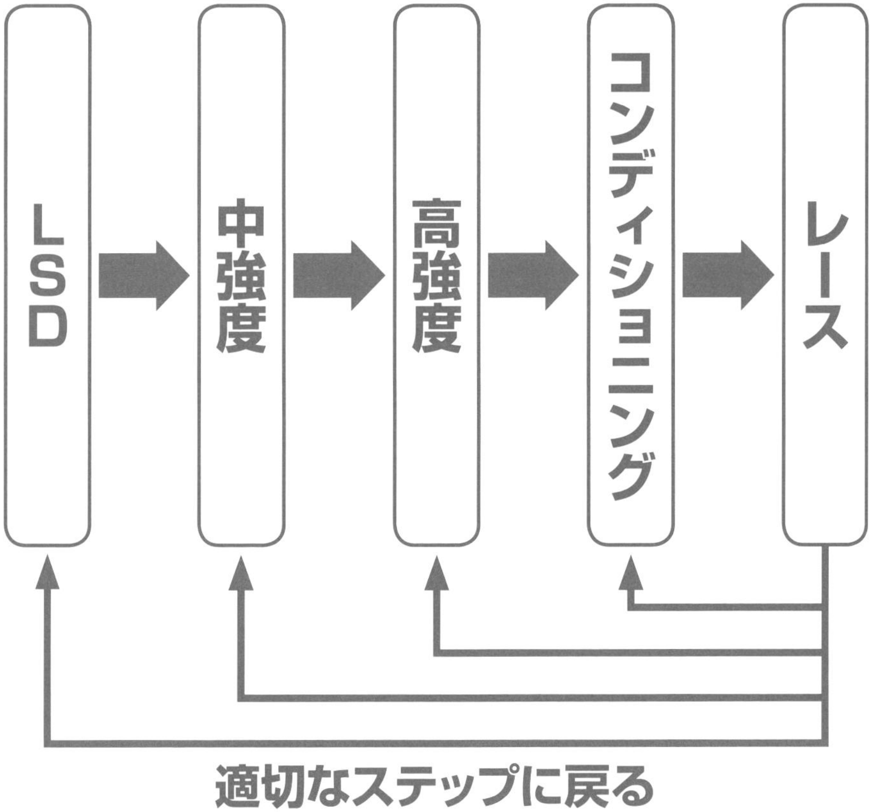

LSD → 中強度 → 高強度 → コンディショニング → レース

適切なステップに戻る

LSDによる乗り込みからはじめ、徐々に強度を上げていく。レース後には次のレースまでの期間に応じて適切なステップに戻る

ヨーロッパプロの場合、強くなるためのベーストレーニングができるのはシーズンインまで。できればシーズン中もベーストレーニングをしたいのですが、レース数が多いのでコンディショニングばかりになってしまいます。

レースに合わせるコンディショニング

◎本番に近い強度で走る

レース前は、レースに体を合わせるためのコンディショニングがトレーニングの中心になる。

「レースによって求められる強度は違いますよね。その強度に体を順応させるのがコンディショニングです。

高強度のインターバルが続くクリテリウムならインターバルを、長距離のコースでのロードレースなら距離に順応しながら、アタックなどの強度にも体を慣れさせるというように、本番のシミュレーションのようなトレーニングをします」

プロ選手のシーズン中はコンディショントレーニングが中心になる。しかし、レース数が少ない日本のホビーレーサーがコンディショントレーニングを行うのはレース前1カ月からでいいと狩野選手は言う。

「日本だとレースとレースの間が空くため、コンディショントレーニングはレース前だけでいいでしょう。レースが終わったらまたベース作りのトレーニングに戻るわけです」

レースに近い強度で走るコンディショントレーニングは苦しいが、苦しさにも意味がある。

「練習がキツイと、『早くレースがこないかな』とモチベーションが上がります」

コンディショントレーニングには気分を上げる効果もあるのだ。

ポイント

- ◉ 本番のレースに近い強度で走るコンディショントレーニング
- ◉ キツいため、レースへの気分も上がる

ロードレースの強度の一例

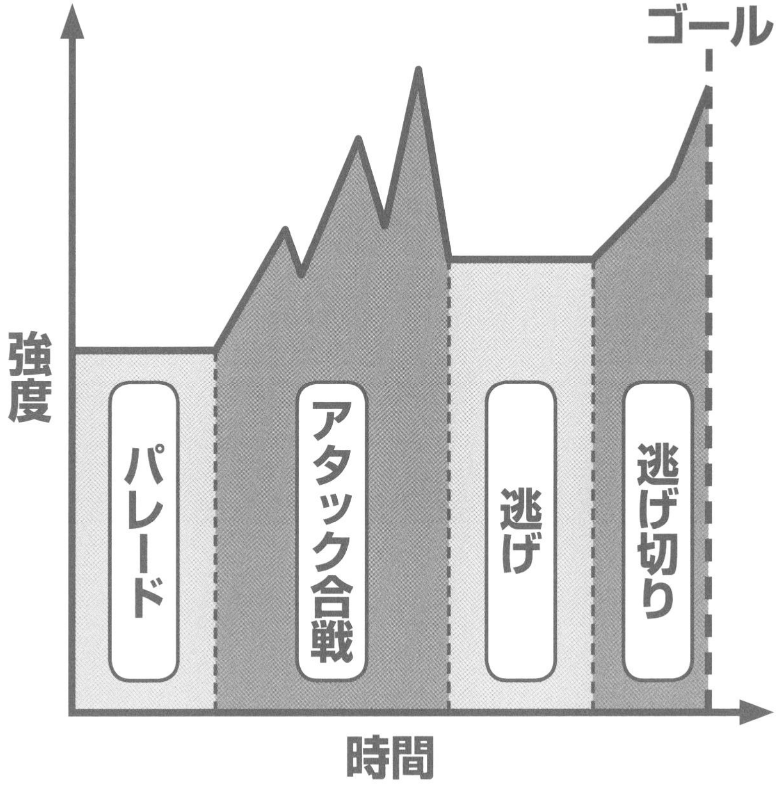

ゴール

強度

パレード

アタック合戦

逃げ

逃げ切り

時間

逃げ切りが決まったロードレースを強度の変化で表現した図。狙うレースで予想される強度・時間に体を順応させていくのがコンディショントレーニングだ

シマノ時代はトレーニングが本番のレースよりもキツかったため、レースはむしろ楽に感じたくらいです。レース前にキツいトレーニングができるとそんな効果もあります。

レース直前は疲労を抜いて気分を上げる

◎レースが楽しみになるようにする

レース1カ月前からはじめるコンディショントレーニングだが、レース前日まで続けるわけではない。狩野さんはレース直前の1週間を、少し特殊な過ごし方をするという。

「レース1週間前に入ると、時間も距離も強度も落として本番に備えます。ひとつの例ですが、週末の日曜日にレースがあるなら、月曜・火曜は軽く脚を回すだけにして、水曜に少し強度を上げる。で、木・金も軽く走って本番、という感じです」

レース直前の1週間に強度を落とすのは、回復が重要でもあるためだが、他にも理由はある。

「気持ちを上げるんです。キツいコンディションでトレーニングをしてきた状態から強度を落とすと、緊張がほぐれて楽しく走れるんですね。するといい状態でレースに臨めます。ゆっくり走ると自転車が楽しくなりますから」

1時間程度のサイクリングでもいいし、乗らなくてもいい。そんな日を増やすと体は回復し、精神的にも緊張がほぐれてレースが楽しみになる。

体の回復とメンタルの回復を同時に行う、ベテランならではの調整だ。

「正直、レース直前の過ごし方はプロでも個人差が大きいです」

自分に合った方法を見つけよう。

ポイント

- ◉ レース直前の1週間は大幅にトレーニング内容を軽くする
- ◉ 疲労を抜くことと、レースへのモチベーションを上げることが狙い

のんびり走るとレースが楽しみになる

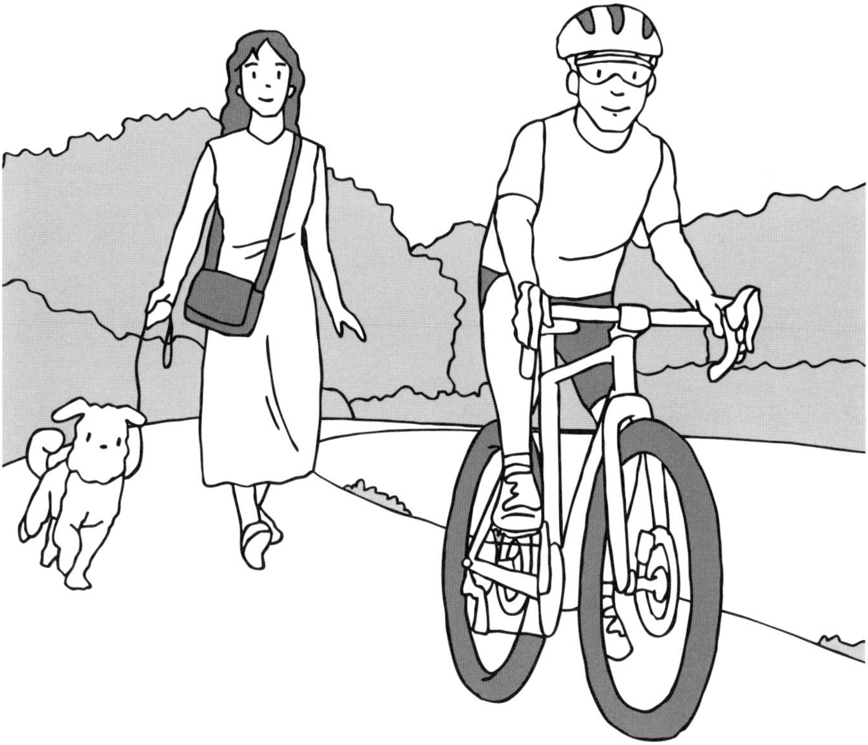

キツいトレーニングから軽いサイクリングに切り替えると、疲労が抜けるだけではなく走ることが楽しみになる

アドバイス

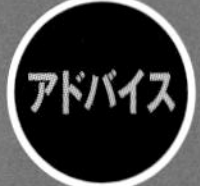

ギリギリまで追い込むのではなく、レース直前はレースを楽しめるように調整します。もちろん、疲労を抜くことも目的です。

パワーメーターで追い込みすぎない

◎数値ばかり見ると追い込みすぎる

狩野選手が懸念しているのは、パワーなどの数値にばかりとらわれて疲労からの回復を軽視するレーサーがいることだ。

「まず大前提として、パワー=強さではないんです。よく若い選手がレース後に『パワーは出ていたのに……』と言いますが、とんでもない勘違いですよね。ホビーレーサーも同じで、プロ並みのパワーがでたとしても、それはそれだけの話です」

そんなパワーを目標にトレーニングをすると、追い込みすぎてしまうリスクがあるという。

「一人でトレーニングをするホビーレーサーは特に危険だと思うんですが、数字だけを見てトレーニングをしていると追い込みすぎるリスクがあると思うんです。追い込んだ後に回復する、その波で強くなるので、ちゃんと疲労も観察しないと」

しかし、狩野選手はパワーメーターが不要だと思っているわけではない。問題は使い方だ。

「今言った『追い込み~回復』の波を作るために使うなら有効だと思います。TSS（トレーニングストレススコア）などで疲労を管理するなど。トレーニングでも、パワーを目標に高強度トレーニングをするより、中強度のトレーニングでベースを鍛えることを重視したいですね」

追い込みすぎは疲労に繋がる。パワーをはじめとした数値とはうまく付き合いたい。

ポイント

- ◉ パワー=強さではない。他の要素もとても多い
- ◉ パワーなどの数値を目標にすると追い込みすぎるリスクがある

数値を目標にしない

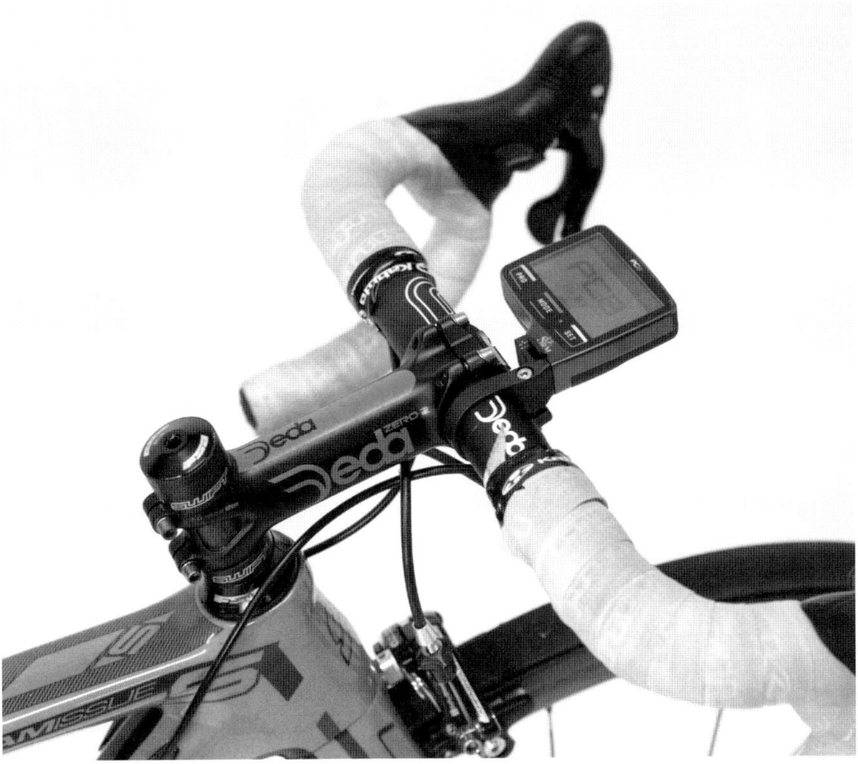

数値を目標にすると追い込みすぎるリスクがある。ひとりで走っているホビーレーサーはなおさらだ

アドバイス

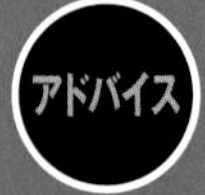

一人で、数値を見ながら追い込んでいるホビーレーサーは多いと思うのですが、やりすぎに注意です。回復を忘れないでください。

疲労を細かく観察する

◎リカバリーで速くなる

50歳が見えてきた狩野選手だが、以前より疲れが抜けにくくなってきたことは間違いない。

だが、それは決して深刻な問題ではない。プロロードレーサーとして長く走ってきた狩野選手にとって、疲労と付き合うのはあまりにも当然のことだったからだ。

「年配の方ほど、自分の疲労をよく観察してください。そして疲れているときはリカバリーすることが重要です。そのほうが結果的には速くなれると思いますよ。あえて乗らない日を作るのもアリですね」

最近は情報が増えたことも、かえって追い込みすぎや疲労の蓄積につながるかもしれないという。毎日走ることはない。

「今は雑誌やネットにいろいろなトレーニング方法が出ていて、見ていると追い込みたくなると思いますが、リカバリーの重要さはあまり書かれていませんね。でも、きちんと休んで回復するまでがトレーニングです。

疲労はパワーメーターのＴＳＳで管理してもいいし、数値に頼らずに観察してもいい。同じ場所で同じ強度で走っても遅くなっていたら、それは疲れているんです」

年齢に伴って疲労の問題が付きまとうようになるのは否定できない。しかし、疲労は、真剣にトレーニングに打ち込むレーサー全員の問題でもある。ベテランだけではないのだ。

ポイント

- ◉ 疲労との付き合い方は年齢問わずトレーニングの宿命
- ◉ 追い込み過ぎに注意。リカバリーもトレーニングと同じくらい重視する

疲労からの回復もトレーニング

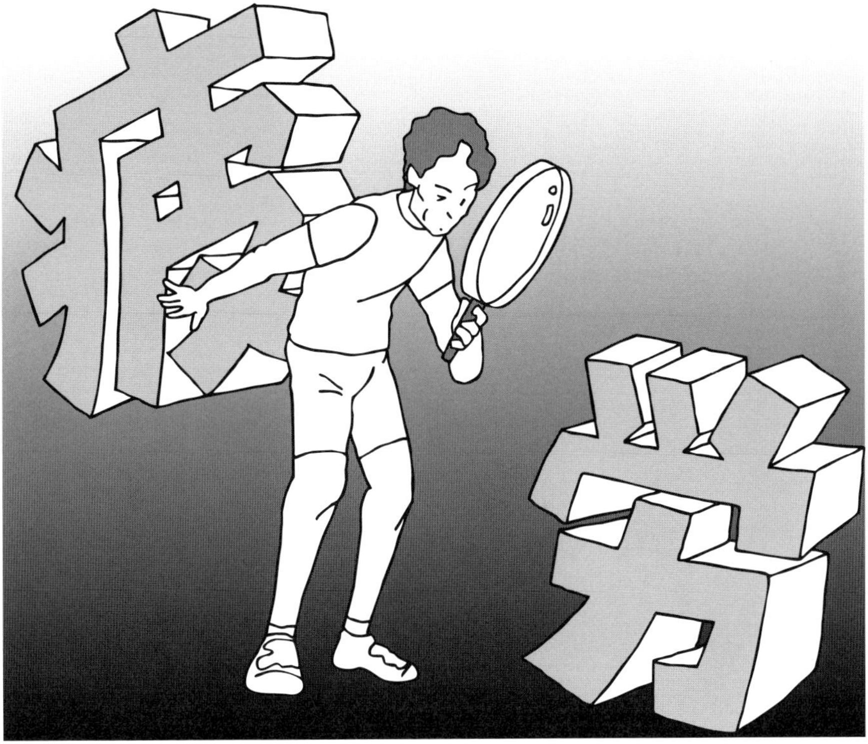

トレーニングは、体に負荷をかけてから回復するまでが一つのサイクルだ。回復させることもトレーニングの一部といえる

アドバイス

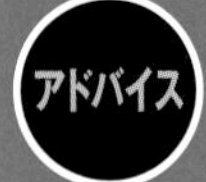

年齢による変化はもちろんありますが、疲れと回復は、年齢に関係なくレーサーに付きまとう問題です。ご自分の体をよく観察し、リカバリーを大切にしてください。

Column ❷

喘息の治療のために はじめた自転車

狩野選手が自転車をはじめたきっかけは、実は喘息の治療だった。

少年時代の狩野選手はかなり重い喘息で、家には吸入器まで用意されていた。毎日のように発作に襲われたが、遊びたい盛りの少年にとって、大人しくしているのは難しい。つい体を動かして遊んでしまい、その夜に発作に苦しむ日々が続いた。

症状が改善してきたある日、通っていた小児科の医師にリハビリとして自転車を勧められる。といってもロードレースではない。当時、狩野選手が住んでいたのは競輪が盛んな群馬県。狩野少年は競輪の講習会に通い始めたのだった。

言うまでもなく競輪はトラック競技だ。その後トラックの選手として全国に名を知られるようになる狩野選手の出発点は、医師に勧められた喘息のリハビリだったのだ。

喘息のせいで、トップアスリートとしては大人しい少年時代を送った狩野選手。しかし、選手寿命が長いのは、体を酷使しはじめたのが遅かったためかもしれないと考えている。狩野選手にとっての自転車は喘息からの贈り物なのだ。

脳を若く保って走り続ける
鈴木真理さん

SHINRI SUZUKI

1974年生まれ　46歳

主要な成績

2002　全日本選手権ロードレース／優勝
2003　アジア選手権ロードレース／優勝
2004　アジア選手権ロードレース／優勝　その他勝利多数

※プロフィールは2021年9月現在

伝説のスプリンターの今

◎無敵のスプリンターからコーチへ

2000年代の日本を代表するスプリンターが鈴木真理選手だ。

鈴木選手はUCIレースを含め無数の勝利を挙げてきたが、中でも2003年・2004年にアジア選手権を連覇したころは、手が付けられない強さを誇っていた。2004年にはアテネオリンピックにも出場している。

2004年のアジア選手権の2位はあのマクシム・イグリンスキー。2012年にはリエージュ~バストーニュ~リエージュも勝つカザフスタンの名選手だが、アジアのレースではしばしば鈴木選手に負けている。

そんな鈴木選手は、シマノレーシング、ブリヂストンアンカー、宇都宮ブリッツェンなど国内名門チームを渡り歩いてきたが、2017年年にブリッツェンを退団してからは、コーチ業に力を入れるようになった。

現在は「TRUTH BIKE」の代表として小学生から国内プロ選手まで、幅広くコーチしている。

しかし、鈴木選手は選手を引退したわけではない。年に数回だが、レースを走ることもある。また、子どもたちのトレーニングにはロードバイクで帯同することが多いため、今も毎月2000km以上走るという。

伝説のスプリンターも、今や46歳。はじめてロードバイクに乗った中学生のころから30年以上が経ったことになる。年齢はどんな影響を及ぼしているだろうか。

ポイント

- ◉ 2000年代のアジアを代表するスプリンター
- ◉ 今もコーチ業をしながら走り続けている

コーチをしながら走り続ける

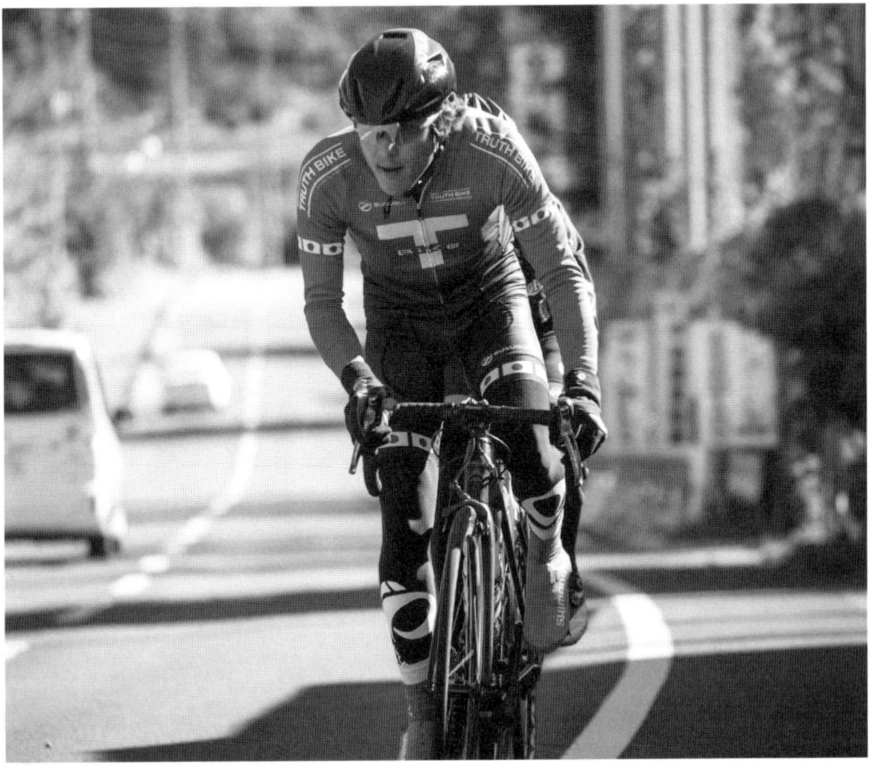

現在の鈴木選手は、コーチ業に力を入れながら走り続けている

アドバイス

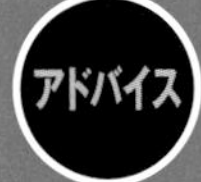

レースを走ることは減りましたが、若い選手たちに帯同して長距離のトレーニングをする機会はむしろ増えました。

年齢か、環境の影響か

◎日々体は変化する

46歳の鈴木選手は、体の変化を感じることはしばしばあるという。

「疲れた状態でパフォーマンスを上げることができなくなりました。その日その日の疲れは乗り切れるんですが、翌日、疲れを乗り越えて踏めないんです」

また、心肺機能にも衰えを感じるという。

「インターバルに弱くなりました。心拍数が上がった高強度の状態でペースを上げ下げするのが辛いですね」

ただし、すべての能力が年齢と共に落ちてきたわけでもないという。たとえば、ベースの力はあまり変わっていない。

「FTPは40代前半まで上がっていきましたね。だから、40代でも長いレースほど勝負できる感覚はありました。逆に、Jプロツアーなど短いレースがきつくなった」

このような体の変化は、一概に年齢によるものとは断言できない。トレーニング内容が変わってきたからだ。

「チームのメンバーとレースのようなかけあいをする高強度トレーニングが多かったのですが、38歳で移籍した宇都宮ブリッツェンでは中強度の一定ペース走が多かったんです。宇都宮は信号が少なくて走りやすいですからね」

加えて、30代後半からは血栓によりパフォーマンスを落とすこともあった。鈴木選手はさまざまな変化とどう向き合っているのだろうか。

ポイント

◉ 疲労が残った状態でパフォーマンスを発揮しづらくなった

◉ トレーニング内容も変化してきた

宇都宮ブリッツェン時代

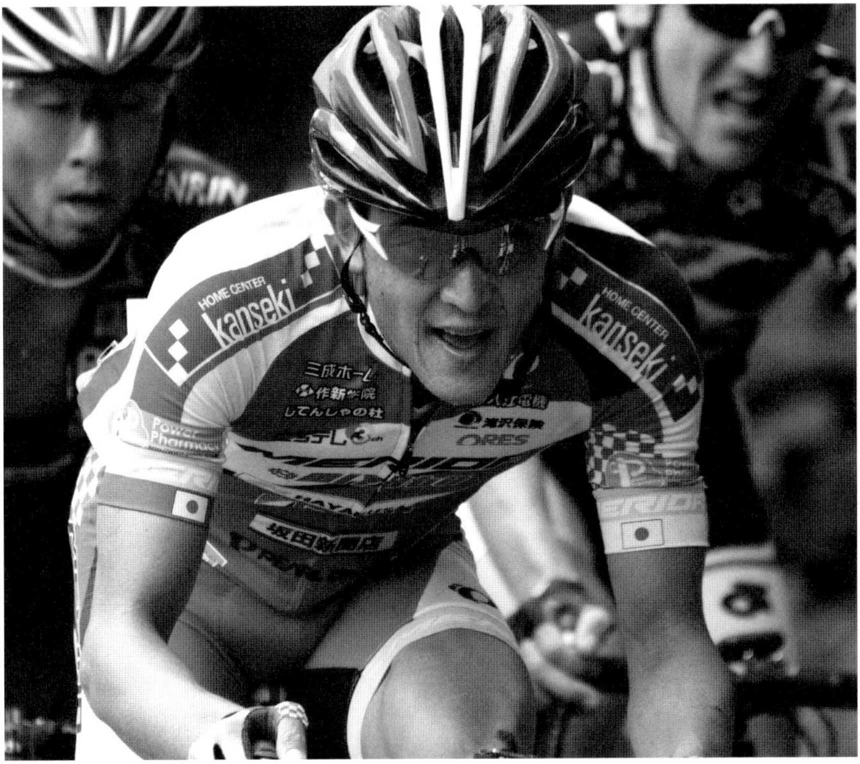

30代後半から所属した宇都宮ブリッツェンではキャプテンを務めた

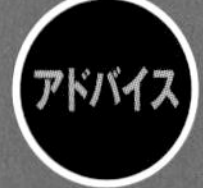

アドバイス 信号が少なく、アップダウンを気持ちよく走れるのが宇都宮です。自転車には最高の環境ですが、トレーニング内容にも影響しました。

レースより苦しかったトレーニング

◎シマノの黄金期

鈴木選手の全盛期は、国内名門チーム・シマノレーシングの黄金期と重なる。鈴木選手がシマノに所属していたのは1999年~2004年だ。

当時のシマノには、狩野智也選手（↓P37~）やジロ・デ・イタリアを完走した野寺秀徳選手はじめ強力な選手たちが集まっていた。どのようなトレーニングをしてたのだろうか。

「毎日がレースみたいな感じでしたね。チームメイトと山に走りに行くんですが、移動の平地はLSDですけれど、山に入ると全開でちぎりあいです。レースよりトレーニングのほうがキツかったくらい」

強度で表現すると、低強度での移動と高強度でのちぎりあいということになる。

「今でいうスイートスポット（SST）走みたいな中強度でのトレーニングはなかったですね。そこに力を入れていたら、レースでももっと逃げたりできたのかな？」

当時は海外遠征もしばしばで、レースの数は多かった。

「スプリントは、このころが一番良かったですね。パワーは計測していないのでわかりませんが、かかりはすごくよかったです」

スプリンターとしての鈴木選手を支えたのは、チームでの高強度の激しいかけあいだった。

ポイント

- 全盛期は強豪のシマノレーシングに所属していた
- トレーニングはチームメイトとの高強度でのちぎり合い

シマノレーシング

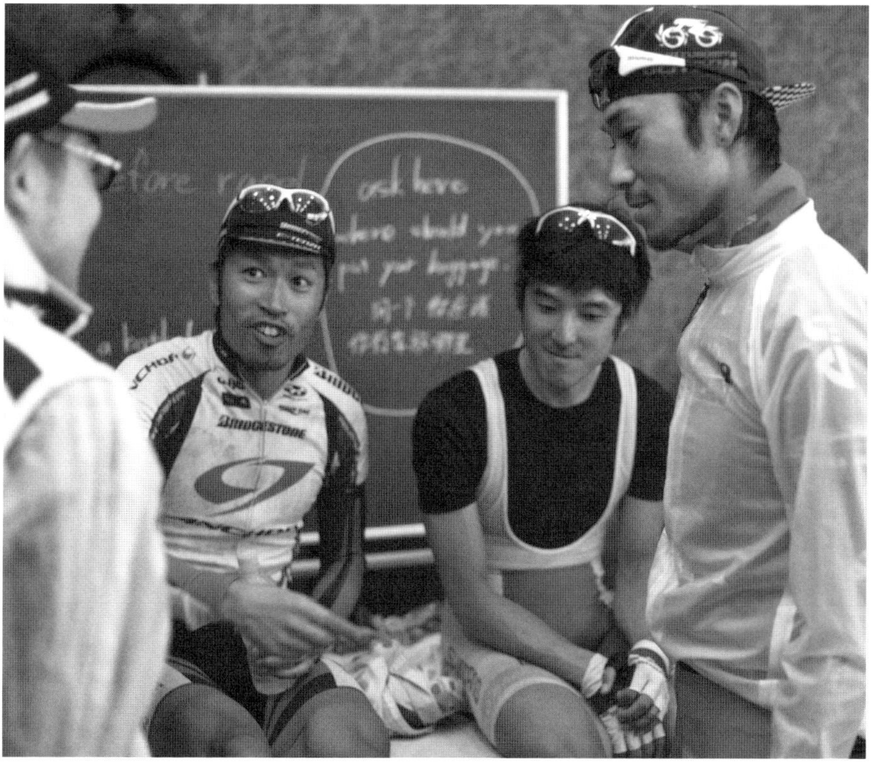

多くの名選手を輩出してきたシマノレーシング。鈴木選手も20代をシマノで過ごした

アドバイス

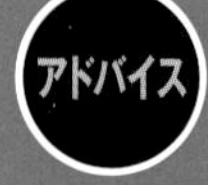

メニューに基づいて走る科学的なものではありませんでしたが、とにかくキツいトレーニングでした。特に上りがキツかったですね。

FTPが上がった宇都宮時代

◎平坦でのトレーニングが増えた

シマノを退団した鈴木選手は、いくつかのチームを経て2013年に宇都宮ブリッツェンへと移籍する。

2012年の大腿骨骨折や、前後して悩まされるようになった血栓など体のトラブルは増えていたが、キャプテンとしての役割を期待されての移籍だった。鈴木選手はすでに38歳になっていた。

「ブリッツェンでのトレーニング内容は、それまでとは大きく変わり、平地での10分走など一定ペースで走ることが増えました」

環境も影響した。ブリッツェン時代にトレーニングをした宇都宮は緩やかなアップダウンと平地が多く、自動車や信号は少ない。トレーニングに向いた環境だが、一定ペースでの走りが増えやすい地形でもあった。

「僕が育った神奈川は山も信号も多いので自然とペースが上げ下げするんです。だから、FTPは高くなかったと思いますが、ダッシュには強かった」

中強度でのトレーニングをしやすい宇都宮で走り続けた結果、鈴木選手のFTPはどんどん上がっていき、退団直前の42歳で過去最高値になった。

「ブリッツェン時代はFTPは上がり、他の能力は落ちました。結局、鍛えた領域が強くなってそうでない所は落ちただけかもしれません」

年齢に伴う変化もあるが、トレーニング内容の変化のほうが影響は大きいかもしれない。

ポイント

- ◉ 宇都宮では一定ペース・中強度のトレーニングが増えた
- ◉ その結果、FTPは42歳になっても過去最高を更新した

自転車に向いた宇都宮

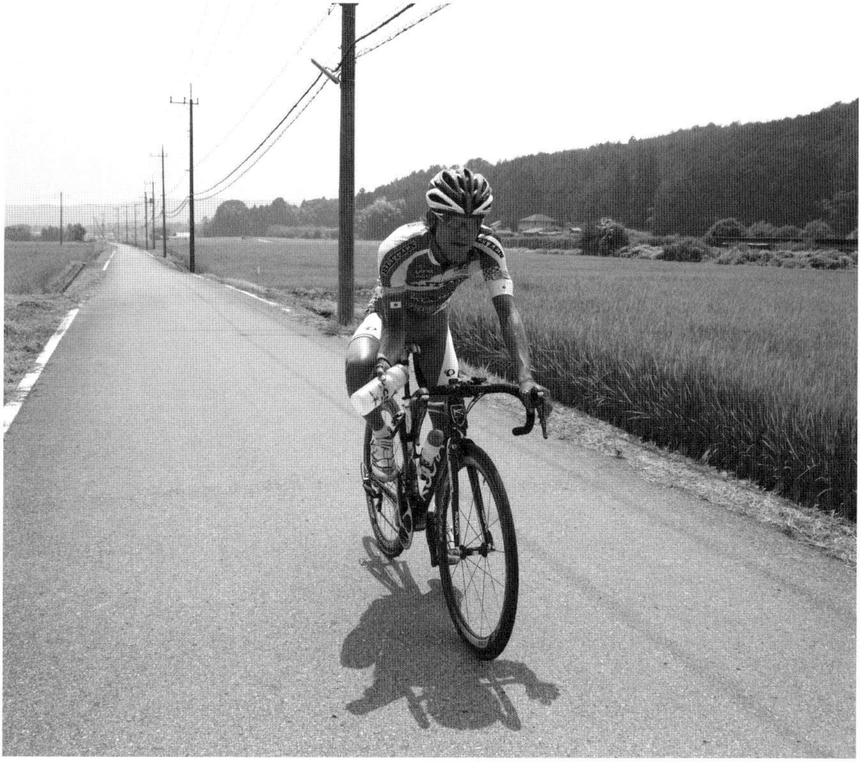

ブリッツェンの本拠地である宇都宮は、自転車にとっては走りやすい地形が続く環境だ。信号も少ない

アドバイス

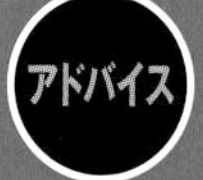

信号や自動車を気にすることなく、気持ちよく走れるのが宇都宮です。その結果ＦＴＰはどんどん伸びましたが、ダッシュ力は落ちてしまいました。

狙いを絞って疲労を小さくする

環境やトレーニング内容の変化、病気によって鈴木選手のフィジカルも変わってきた。そのため、年齢の影響を見極めるのは難しいという。

「少なくとも40代の前半まではあまり衰えは感じなかったですね。他の選手をアシストする立場に変わったので成績は出なくなりましたが……」

◎唯一の確実な変化

ただし、一つだけ確実に年齢による変化だと鈴木選手が感じていることがある。疲労が抜けにくくなったのだ。

「44歳くらいから、疲れが残るようになりました。たとえば5時間走ると、昔は筋肉痛くらいで済んだのに、今は熱っぽくなって疲労が抜けにくい。あとは脚が攣りやすくなったり。間違いなく年齢の影響です」

若いころのように長時間のトレーニングの疲労をすぐ回復できず、引きずるようになってしまったのは大きなハンディキャップだ。同じ症状に悩まされるベテランレーサーも多いだろう。

疲労への対策は、目的を絞ってトレーニングをすることだと鈴木選手はいう。

「いろいろ詰め込んだトレーニングができるのは回復力がある若者だけ。年輩の方は日ごとにテーマを明確にして、回復しやすいトレーニングをしてください」

では、コーチとしてトレーニングメニューを作ることもある鈴木選手に、ベテラン向けのトレーニングを考えてもらおう。

ポイント

- ◉ ボリュームのあるトレーニングをすると、疲れが残るようになった
- ◉ トレーニングの内容を明確にして絞り、疲れが残らないようにする

トレーニングの狙いを絞る

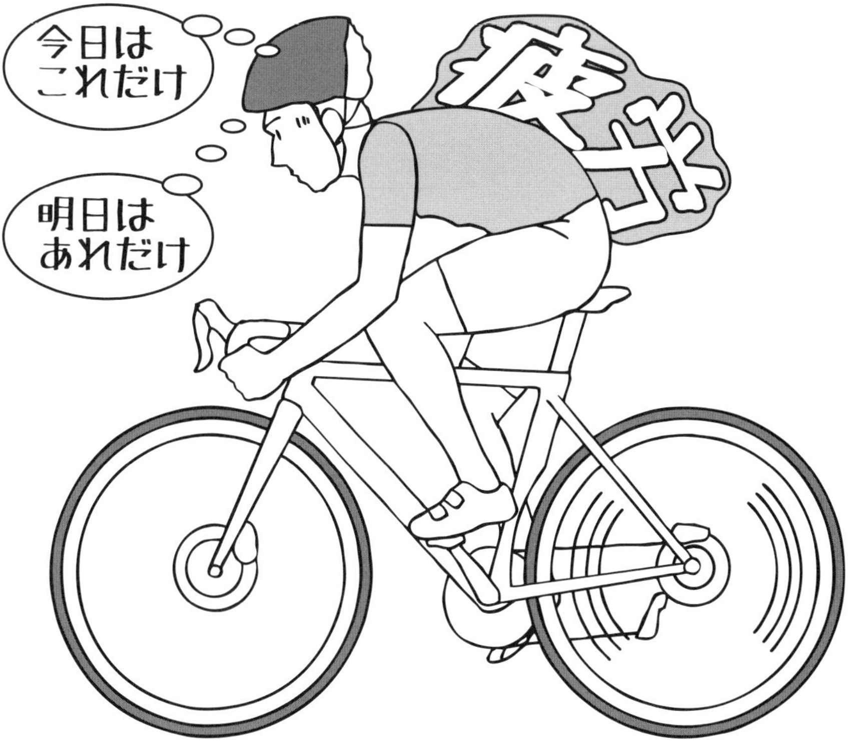

漫然とトレーニングを続けると無駄にトレーニングのボリュームが増し、疲労に繋がる。狙いを絞ろう

アドバイス

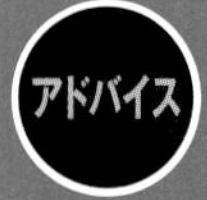

歳を重ねたら、「あれもこれも」と詰め込むトレーニングは厳しくなります。その日ごとにテーマを明確にしたトレーニングをしてください。

長距離レースに向けたトレーニング

◎距離を走るのは絶対

まずは、長距離のレース。５時間を超えるような長いエンデューロやロードレースのことだ。

もっとも重要なのは、やはり距離を走ることのようだ。

「短距離のレースなら短いトレーニングでいいですが、長いレースを走るためには長いトレーニングをしないと絶対にダメ。疲れが残りやすい年齢でも例外ではありません。だから、疲労対策が必要です」

距離を走らない選択肢はない。ならば、どうすればいいのだろうか。

「対策は２つですね。時間を確保したまま強度を落として疲労を減らす。もうひとつは、余計なトレーニングを減らすこと」

レースを想定したロングライドは週末に１回でいい。それも強度はやや低めだ。

「ＦＴＰより低い強度で淡々と走りつつ、途中で数回、２〜５分くらいペースを上げて脚に負荷をかけます」

そして休息日をとったら、週半ばには中強度で短めのトレーニングをする。

「何をやるのかは狙うレースのコースによって変わりますが、基本的にはＦＴＰの下の強度で20分走を２〜３本など、それほど高い強度は要らないと思います。その上で、レースで高強度が予想されるなら、その時間・強度のメニューもやりましょう」

ベースはあくまで低〜中強度。週一回のロングライドがコアだ。

ポイント

- 長距離に順応するための長いトレーニングは外せない
- 時間は減らさずに強度を落として疲労を防ぐ

長距離レース向きのトレーニングプラン

月曜日	回復のための休息日
火曜日	30分ほどローラー台。 体をほぐすイメージ
水曜日	FTP以下の中強度での 20分走を2〜3本
木曜日	中強度20分走を2〜3本。 必要なら短時間メニューも
金曜日	30分ほどローラー台。 体をほぐすイメージ
土曜日	30分ほどローラー台。 体をほぐすイメージ
日曜日	ロングライド。レースと同じ時間を 低めの強度で走る。

強度を落としても、本番と同じ時間を走るのは絶対です。週1回は長距離に順応するためのロングライドをし、その後しっかりとロングライドの疲労を抜くのがポイントです。

中距離レース向けのトレーニング

◎高強度メニューも欠かせない

2、3時間のエンデューロやロードレースといった短めのレースを目標にするなら、どんなトレーニングが必要になるだろうか。

「しつこいようですが、疲れが抜けにくい年齢だと『あれもこれも』は無理なので、日ごとにテーマを決めましょう。まずは長いレースと同じように、本番のレース時間に順応するための長めのトレーニングが週1日は必要です」

長距離レースとの大きな違いは、短時間・高強度のメニューも必要になる点だ。なぜなら、本番でも短時間・高強度の動きが予想されるためだ。

「レースが短いので全体的に強度が上がり、1、2分のもがきやインターバルといったシチュエーションもレースで出てくるかもしれません。その領域も鍛えないと、レース中にちぎれてしまうでしょう」

かといって、詰め込みは厳禁。短時間・高強度トレーニングだけを行う日を別に設けよう。

「1分など短時間全力走を5～10本程度やる日と、インターバルトレーニングをする日を1日ずつは作りたいですね」

平日にそれぞれの要素のトレーニングをし、週末に仲間との練習会で振り返りをするといいと鈴木選手は言う。

「週末は平日の練習の集大成にしましょう。仲間と一緒に走れると本番のレースに近くていいですね」

ポイント

- ◉ 距離が短いと強度も上がるため、短時間・高強度トレーニングも必要
- ◉ 日ごとにテーマを明確に決め、週末にまとめてテスト

中距離レースを意識した1週間

月曜日	回復のための休息日
火曜日	インターバルトレーニング
水曜日	レースと同じ時間を低～中強度で走る
木曜日	1～5分など短時間の全開走×3～5本
金曜日	30分ほどローラー台
土曜日	30分ほどローラー台
日曜日	仲間との練習会。平日のトレーニングの成果を確かめる

平日にレースの各要素を意識したトレーニングを行い、週末にはその集大成として仲間と疑似レースを行う

1日ごとにテーマを設けるのはお伝えした通りですが、時間がとれる週末は、その週の「振り返り」に充ててもいいですね。

実はトレーニングしやすいクリテリウム

◎短いレースのほうがベテラン向け

短い周回コースで短時間のレースを行うクリテリウム。強度が高く、非常に苦しいイメージがあるが、実は年配のホビーレーサー向きだという。

「クリテリウムはキツいのですが、レース時間が短いということは練習時間も短くていいという意味なので、社会人向きです」

もう一つの理由は短時間・高強度トレーニングのほうが疲労から回復しやすいからだ。

「短時間・高強度の練習は苦しいですがTSSやトレーニングボリュームが小さくなるので、疲れが残りにくいんです。トレーニングの疲れを数値化するTSSは正確な指標だと思っています。ただし、スプリントなど短時間の大きいパワーを出せる人は、TSSに表れない筋疲労が残る場合があるので、そこは気を付けてください」

トレーニングはシンプル。クリテリウムで予想される1分など短時間のダッシュとインターバルを、休息日を挟みながら繰り返すだけだ。

「クリテリウム対策で大切なのは、(疲労がない状態の)サラ脚から踏むのではなく、心拍数が高い状態で踏むことです。45秒ダッシュと15秒レストを繰り返すなど、脚がキツい状態から踏む練習をしてください」

苦しいが、実は年配ホビーレーサーでも対策を立てやすいレースだ。

ポイント

- ◉ レース時間が短いクリテリウムはトレーニングも短時間・高強度
- ◉ トレーニング時間を確保しやすく回復も早いため年配ホビーレーサー向け

クリテリウムを狙うための1週間

月曜日	休息日
火曜日	インターバル
水曜日	1〜5分走
木曜日	インターバル
金曜日	休息日
土曜日	1〜5分走
日曜日	インターバル

レースが短いため、トレーニングも短時間・高強度になる。すると1日のトレーニングのボリュームも小さくなるため、続けやすい。

難しいイメージがあるクリテリウムは、実は社会人向けです。ただし、落車には十分に注意してください。コーナーリングなどのスキルトレーニングも必須です。

トレーニングがシンプルなヒルクライム

◎もっともトレーニングが単純

落車の心配が少なく、壮大な光景を楽しめるヒルクライム。ホビーレーサーにも人気だが、トレーニング内容はもっともシンプルだという。

「短時間の一定ペース走なので、トレーニング時間は短いし難しいメニューも要らない。いちばん簡単ですね」

平日のトレーニングはローラー台でOK。本番のヒルクライムに近い時間、一定ペース走を行う。

「レース時間に順応するのが重要なので、1時間のヒルクライムレースを狙うなら、1時間くらい、本番より少し低い強度で走るといいでしょう。いわゆるSST（スイートスポット）走ですね。

ただし、たまには30分のFTP走など時間を短くして強度を上げるトレーニングもしてください。1時間走ばかりだと、後半になってペースが落ちるのが癖になるリスクがあるからです」

週末は峠を実走。ヒルクライムの走り方に順応する。疲労に対しては、強度と休息日の数で調整するが、鈴木選手は、休息日も少し脚を回すことを勧める。

「年を重ねるほど、完全休養は避けたほうがいいです。僕も若い頃は乗らない日が多かったですが、今は30分でいいので脚を回した方が回復が早いですし、コンディションを維持しやすいんです」

人によっては完全休養はかえって回復を遅らせるかもしれない。盲点だ。

ポイント

- ◉ 短時間の一定ペース走なのでもっともトレーニングがシンプル
- ◉ 完全休養は避け、短時間でよいので脚を回すほうが回復が早い

ホビーレーサーに人気のヒルクライム

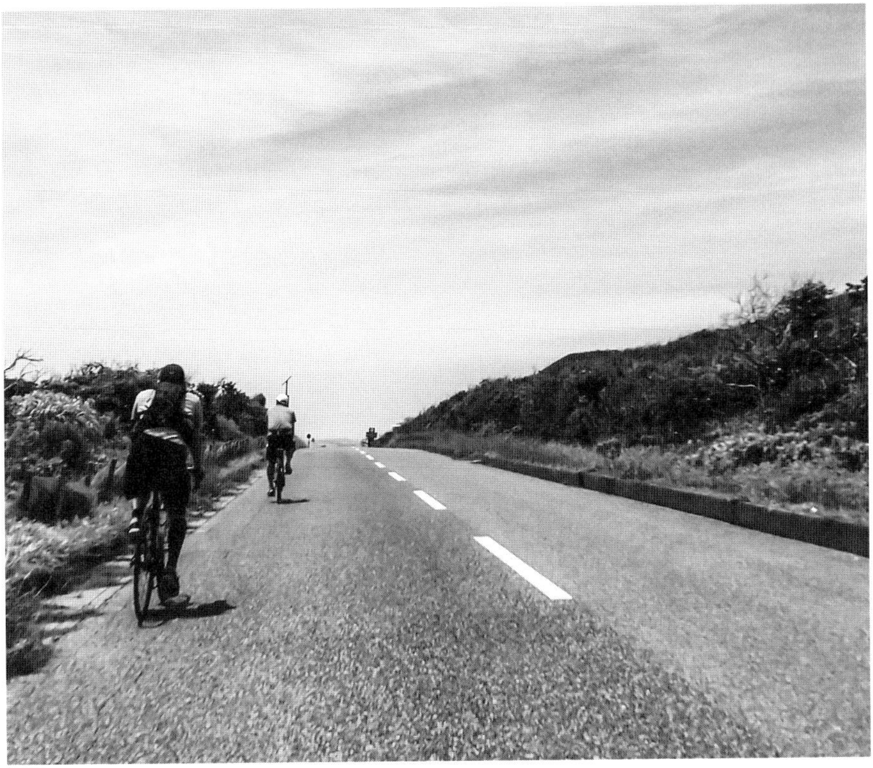

近年人気のヒルクライムは、必要なトレーニングもシンプル。その意味でもホビーレーサー向きだ

アドバイス

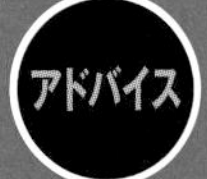

ヒルクライムはレース時間も短く、サクッと練習できます。ペースの上げ下げやテクニックもあまり必要ないので初心者向きですね。

高強度のダッシュ力を「貯金」しておく

◎ダッシュ力でレースを有利に

スプリンターである鈴木真理選手は、昔から一瞬の加速には強かった。そのことは、長らく鈴木選手を有利にしたようだ。

「一瞬のダッシュ力は心肺ではなく筋力の問題なので、心肺の衰えの影響を受けません。そのせいか、あまり年齢の影響を受けていませんね。練習量が減っても国内選手のダッシュには付いていけます。心拍数が上がり切った状態でもがくスプリントは心肺の影響を受けましたが……」

ダッシュ力があるとレースでは有利になる。周囲のアタックやペースアップに対応しやすいからだ。

「若いうちにダッシュ力を身につけておくと、歳を重ねた後で有利ですよ。800Wでしかもがけない人のパワーが半減すると400Wですが、1600Wでもがける人のパワーが半減しても800Wですよね」

鈴木選手はたくさんのレースを走ることでダッシュ力を身に着けたが、出るレースが少ないなら、意識的に高強度トレーニングを積まなければいけない。

「僕は若いころのアメリカ・カナダ自転車留学でスプリント力を手に入れましたが、今から本格的にトレーニングをはじめる中高年の方も、意識して高強度メニューをやってダッシュ力を身に着けてください。後々の『貯金』になります」

目的のレースを問わず、高強度メニューをこなす価値はありそうだ。

ポイント

- ◉ 一瞬のダッシュの力は筋力で決まるため心肺の影響をあまり受けない
- ◉ 若いうちにダッシュ力を身に着けると歳を重ねてからが楽

ダッシュ力は財産になる

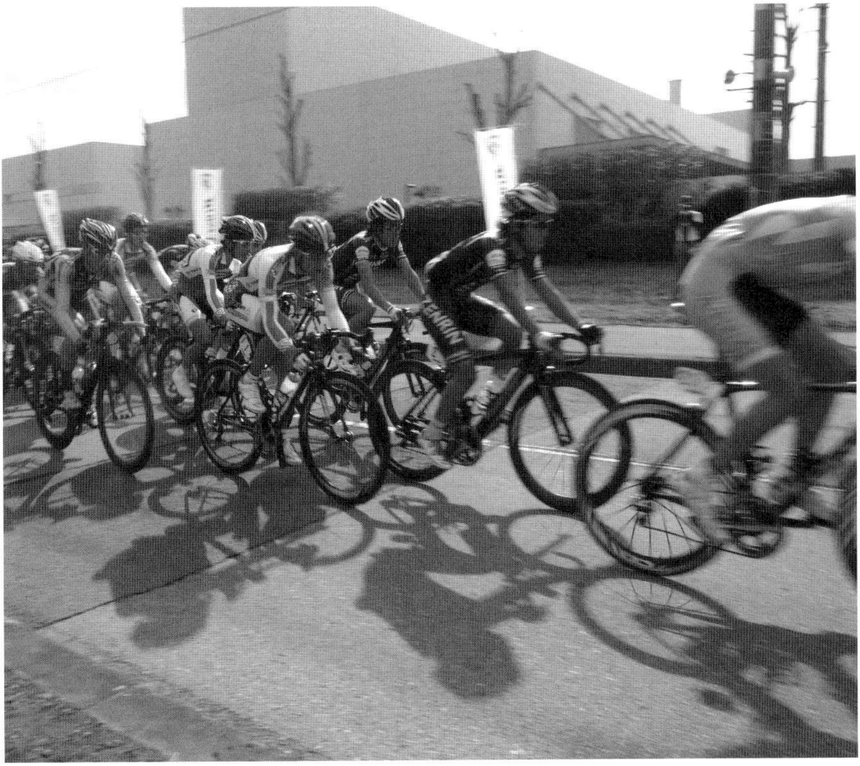

一瞬の加速力は筋力に依存するため、心肺能力が衰えても長く残る「財産」となる

アドバイス

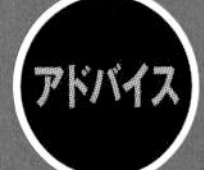

低い心拍数からパッともがいたときの最大パワーは歳を重ねても落ちません。僕みたいに若いうちにダッシュ力を身につけておくと、後で楽ですよ。

高強度で重要な体幹

◎パワーを出すと腰が痛くなる

鈴木選手が筋力に関して年齢の影響を感じるのは、上半身だ。胸や腕の筋肉が落ちたという。一方で下半身、特に腿周りの筋肉は若いころよりもむしろ増えたという。

理由は、体幹の筋肉が衰えたためではないかと鈴木選手は考えている。

「若い頃は背筋力もすごくあったのですが、かなり落ちていると思います。というのも、前傾姿勢でパワーを出そうとすると腰が痛くなるんです。体幹の力が抜けるというか」

体幹が弱くなることと上半身の筋肉が衰えることはどう関係しているのだろうか？

「体幹が弱いと、腕とか上半身の力を下半身に伝えることができなくなるんですよ。力が体幹のところで抜けてしまうからです。つまり、まず体幹が弱くなり、次に力が脚に伝わらなくなった腕などの筋肉も落ちていった、という流れだと思います」

脚が太くなったのも、上半身の力が使えなくなったことを脚の力でカバーするようになったためだ。すべて体幹の衰えが根底にあるのだ。

体幹が衰えた影響は腰痛以外にもある。

「FTPまでは脚の力だけでパワーを出せますが、それ以上になると上半身の力も必要なので、体幹が強くないとダメなんです。だから、たとえば腰を悪くした競輪選手が一気に弱くなりますよね」

体幹の衰えはどうカバーすべきだろうか？

ポイント

- ◉ 体幹の筋肉が衰え、それに伴って上半身の筋肉も衰えた
- ◉ 上半身の力を下半身に伝える体幹は高強度の走りで重要

体幹は上半身の力を脚に伝える

体幹

高強度で必要になる腕の力は体幹を介して脚に伝わる。したがって、体幹はパワーを出す際には重要だ

体幹は重要です。シッティングでもダンシングでも、強度を上げてもがくときには体幹に力が入っているはず。そのとき体幹が安定しないと、力は逃げてしまいます。

ハンドルを上げて体幹の衰えをカバー

年齢に伴う体幹の衰えに、鈴木選手はどう対応しているのだろうか。

◎ママチャリのイメージで

「ポジションです。ハンドルを高くして、体重を利用できるようにして腕の力をカバーしています。ハンドルは若い頃より2㎝は上がったんじゃないかな?」

ハンドルの高さと体重にどのような関係があるのだろうか?

「ママチャリをイメージしてください。ハンドルがすごく高いママチャリって、ペダルに体重を乗せやすいじゃないですか。それは体が立つからです」

ハンドルの位置が高いと上体の前傾が緩くなり、体が「立つ」姿勢に近づく。すると体幹の曲がりも浅くなり、その分体重がペダルに乗るようになる。上半身の体重が体幹で逃げにくくなるのだ。

弱点は空力が少し悪化する点だが、そこは頭を下げることで対応している。ということは、空力があまり問われないヒルクライムではハンドルを高くする意味は大きいということでもある。

「スピードが遅いヒルクライムは空力があまり関係ありませんから、ハンドルを上げる価値が大きいです」

体幹の強さを維持できるのが理想的だが、ポジションによってカバーすることもできる。特にヒルクライマーは、ハンドルの高さを再考してもよさそうだ。

ポイント

- ◉ ハンドルを上げ、体重がペダルに乗るようにして上半身の衰えをカバー
- ◉ 空力が少し悪化するが、ヒルクライマーなら影響は小さい

ハンドル位置と上半身の前傾

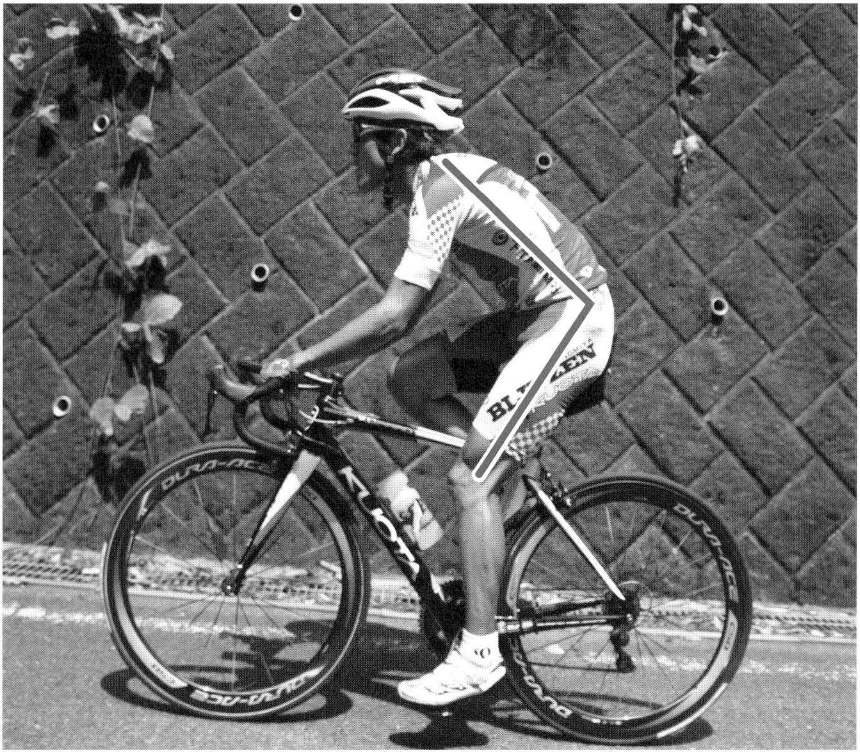

ハンドルの位置が高くなると上半身の曲がりも浅くなり、ペダルに体重を乗せやすくなる

アドバイス

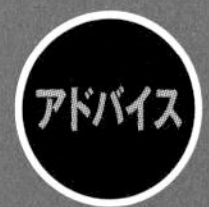

体幹も使いたいのですが、腰が痛くて難しい。そこでハンドルを上げて体重を脚に乗せることでカバーしています。上半身は細くなりましたが脚には逆に筋肉がつきました。

衰えを力バーする高回転トレーニング

◎筋力頼りには限界がある

最近の鈴木選手は、使うギアが重くなってきたという。心肺の衰えを重いギアを使うことで、つまり脚の筋力でカバーするようになったためだ。

「練習量が減ったせいかもしれませんが、心肺能力は落ちました。ただ筋力でカバーできる範囲にも限界があります」

鈴木選手は、脚力に頼って走ってしまうのはホビーレーサーの特徴だとも指摘する。

「ホビーレーサーは脚の力だけで走っている人が多いですね。すぐに脚がいっぱいいっぱいになってしまう。それは、高回転でペダルを回すスキルがないからでもあります。軽いギアでクルクル回せる選手は、圧倒的にタレにくいんです」

かつての鈴木選手は、回転力を身に着けるための高回転練習も行っていた。

「5時間くらい、ひたすら１１０回転のケイデンスを維持して走るんです。上りでも80～90回転。スピードはせいぜい30km／h強ですが、心拍数は１６０くらいまで上がり、腿はパンパンになりますよ」

また、回転力を上げるための別の練習として、ビンディングペダルではなくフラットペダルでの回転練習も薦める。

「フラットペダルに交換して、スニーカーで２００回転を目標に回しましょう。僕は２２０回転までは回せた記憶があります」

筋力・心肺能力が衰えたときのために回転力を身につけておこう。

ポイント

- ◉ ホビーレーサーは脚の力に頼って走っていることが多い
- ◉ 高回転でペダルを回すスキルがあると高強度でタレにくくなる

高回転トレーニング

高回転でのロングライド

- 110回転のケイデンスを維持したまま4～5時間走る
- 上りでも80～90回転を維持
- 苦しくなったらいったんケイデンスを下げ、再開

フラットペダルでの超高ケイデンス

- フラットペダルを装着し、スニーカーで乗る
- 200回転を目標に一気にケイデンスを上げる
- 意識して体幹を安定させるのがポイント

高ケイデンスでペダルを回せるスキルを身に付けておくと、将来、衰えたときのための財産になります。

筋力トレーニングとしてのSFR

◎筋トレとスキルアップと

ペダリングスキルを上げるためのもう一つのトレーニングとして鈴木選手が勧めるのが、極端に重いギアで坂を上るSFRだ。

「SFRには2つ効果があります。一つは、上半身と下半身が体幹を中心に連動するペダリングのフォームを身に着けられること。体幹が『入る』感覚を身に着けてください。もう一つは、今言った綺麗なペダリングに必要な筋力をつけられること、つまり筋トレです」

SFRは短い上りで行う。アウタートップにギアを入れ、体重の5〜6倍のパワーを目標に上る。体重が60kgなら300W以上。かなりの高強度メニューなので、3分走を5本程度と小分けにする。

「ハンドルをしっかり持ち、安定した体幹を中心に上半身と下半身がなめらかに連動するイメージでペダルを踏みます。普通、SFRは上半身の力を抜いて行いますが、僕の場合は上半身も使って体幹を安定させ、上体の力を脚に伝えるイメージです。『体幹だけ』『脚だけ』と部分だけを意識せず、体全体を連動させるのがポイントです。上半身の力を、体幹を介してしっかりペダルにまで伝えましょう」

鈴木選手のSFRはシッティングだけではなくダンシングでも行うが、意識するポイントは同じ。体幹を中心にした全身の連動だ。

ポイント

- ペダリングスキルアップと筋トレの2つの効果がある
- 上りでアウタートップに入れ、体重の5〜6倍を目標に超低ケイデンスで走る

SFRのフォーム

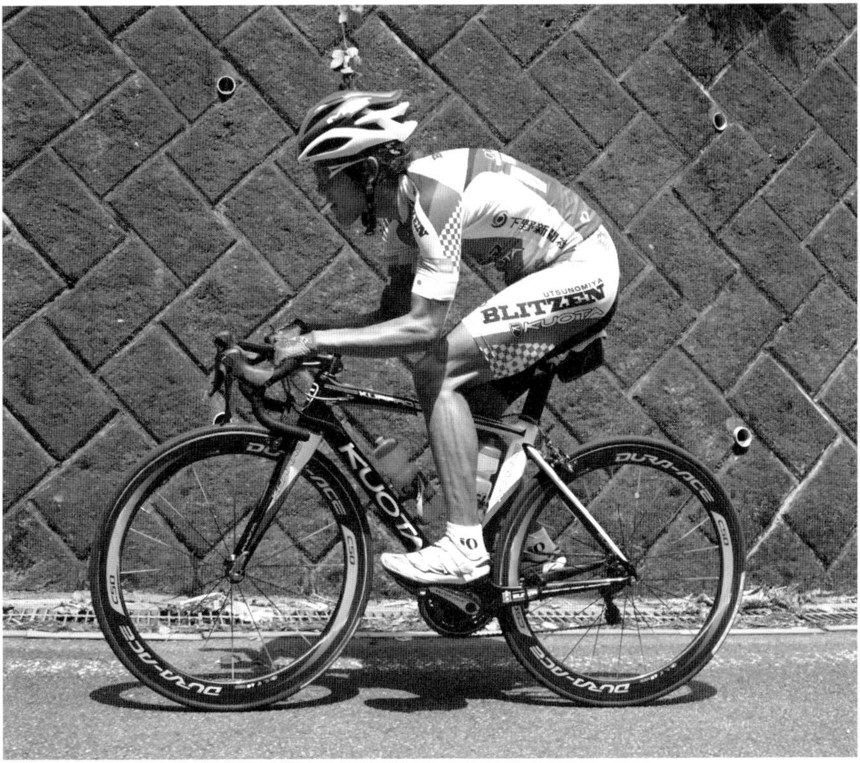

ハンドルをしっかり持ち、上半身の力も使い、全身を連動させる感覚をつかむ

アドバイス

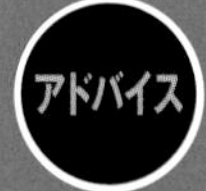

チームで練習をすると分かるのですが、SFRをすると個人差が大きく出ます。それが脚質の差なのでしょう。僕はSFRが非常に得意でした。

衰えは脳からはじまる

◎40代では衰えない！

鈴木選手は、トレーニングの疲労を引きずりやすくなったことを除くと、年齢がどう影響しているかははっきりと分からないという。トレーニングや環境も変化してきたからだ。

「今でも、シマノ時代と同じトレーニングができたら同じパフォーマンスが発揮できるような気がするんです。

　もしかしたらあの頃と同じトレーニングはできないかもしれませんけれど、今回お話ししたような年齢対策をした上で同じボリュームのトレーニングをすれば、同じだけ強くなれる気はしますね」

　フィジカルの衰えは、少なくとも46歳の鈴木選手にとっては大きな問題ではない。

　もっと影響が大きいのは、考え方の変化だという。

「結局、脳ですよね。僕の世代だと32、3歳くらいで引退するのが普通でしたけれど、僕はまだまだ走りたいと思っていたから、40歳を過ぎても衰えは感じなかった。『もう40だぞ』と考えることがなかったからかもしれません。

　つまり、体にブレーキをかけるのは脳なんですよ。老化は脳からはじまるんです。だから、50歳になったら若い選手に言ってあげたいですね。『40代なんてまだまだ若いんだぞ』って」

　一見、衰えに思えるものは、環境やトレーニングが変わったせいかもしれない。心を若く保つことが走り続ける秘訣だ。

ポイント

- 50歳までは、環境とトレーニング内容が同じならパフォーマンスも同じ
- 衰えは心から！　気持ちを若く保とう

老化ではなく気持ちの変化？

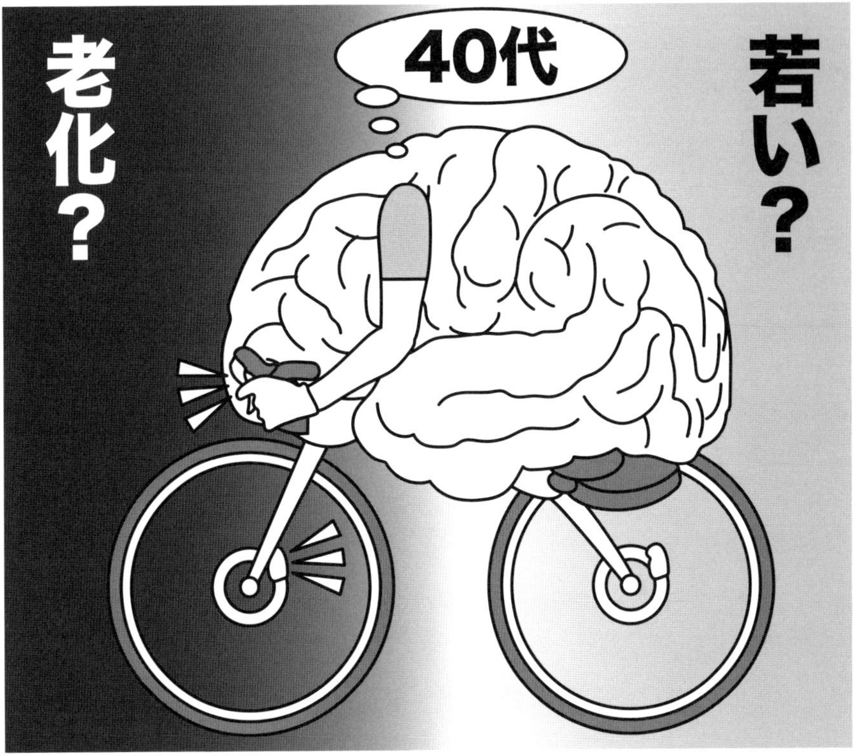

フィジカルには年齢以外にも多くの要素が影響を与える。もっとも影響が大きいのは、気持ちだ

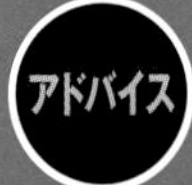

アドバイス 「もう歳だな」という気持ちが老化を進ませるんだと思います。でも、その衰えは、歳のせいではないかもしれませんよ。

Column ❸

落車で起こった心の変化

全日本選手権で優勝し、アジア選手権を２連覇していた2000年代前半が鈴木選手の全盛期と言われている。大集団スプリントにも恐怖を感じることなく、国内外で多くの勝利を挙げていた。

ところが2003年のツール・ド・ランカウイで、当時、世界最強と言われていたチーム「マペイ」のアンドレア・タフィとロバート・ハンターを相手にスプリント勝負を挑もうとしていたときに、大落車に巻き込まれてしまう。

鈴木選手は大ケガは免れたが、引退に繋がるケガを負った選手もいた大落車だった。

この落車以降、鈴木選手は大集団スプリントに緊張感を覚えるようになる。と同時に、若手の選手に走り方を教えたり、彼らをアシストすることに喜びを感じるようにもなっていった。

30歳を目前に鈴木選手に起こった変化。それは純粋に内面的なものだったが、鈴木選手の走りを大きく変えた。

【対談】
狩野智也×鈴木真理

年齢よりも環境が大事！「走れる環境」を維持しよう。

2000年代の前半、名門のシマノレーシングでチームメイトだった狩野選手と鈴木選手。今も走り続ける2人に、シマノ時代のトレーニングと、年齢の影響について語り合ってもらった。

狩野智也（以下狩野） はじめて会ったのは、僕が大学生のころの伊豆の合宿だっけ？ ＮＩＰＰＯとあづみの（現在エキップあづみの）の合同合宿だよね。

鈴木真理（以下真理） ですね。僕らが最年少だったかな？ 過去の自分の振る舞いは忘れたいですけど（笑）

狩野 いや、真理は真面目だった気がするよ。チャラくはなかった（笑）。

真理 狩野さんはあのころから声がデカかった（笑）。合宿は上の世代が「濃くて」（笑）あまりしゃべれる感じじゃなかったですけど、同じチームで走ったのは1999年に2人がシマノに入ってからですね。

狩野 僕たちが契約選手の第一号だったんだよね。それまでのシマノは正社員の選手しかいなかった。真理はもう（その前に所属していた）ブリヂストンの走りで知られていたけど、僕はトラック競技が中心だったから、シマノに入ってからロードレースに本腰を入れる感じだった。

シマノのトレーニングはキツかった

真理 シマノのトレーニングは今思い返してもキツかったですよ。上りに入るたびに狩野さんがペース上げるし……。

狩野 よく言うよ（笑）。

真理 ずっとちぎり合いでしたよね。選手たちの力が拮抗しているから、地獄でしたよ（笑）。

狩野 レースよりもトレーニングがきつかったものね。トレーニングじゃ上りでも誰も切れないのに、レースだと周りの選手がぼろぼろ遅れていくから「あれ？」って感じだった。

真理 それで2人とも「開花」した感じですよね。

狩野 チームの仲も良かったよね。練習後もご飯食べに行ったり、飽きずに一緒にいられたな。

パワーメーターのリスク

狩野 パワーメーターもトレーニングメニューもなく、ひたすらちぎり合いだったね。

真理　あれ？　狩野さんは2008年くらいからシマノでパワーメーターを使ってませんでしたっけ？

狩野　いや、シマノがパワーメーターを導入したのは自分がいなくなった後だよ。自分が2010年にブリヂストン・アンカーに移籍するときに、自分と入れ替わりにパワーメーターを使ったトレーニングをはじめたんだよね。真理はそのときもシマノにいたでしょ？

真理　僕はパワーに基づくトレーニングメニューを断ってました（笑）。最初はやってみたんですけど、合わなくて……。

狩野　なんだ、あの時期からパワーメーター使ってトレーニングしているのかと思ってた。

真理　まあ、チームでのトレーニング

レースでのパフォーマンスはパワーだけでは決まらない

はメニューに沿ったものなので、一緒にやってはいましたけど……。

狩野　僕がパワーメーターを使いはじめたのはチーム右京に入ってからだから、2012年とかかな。ひとりで走るときのトレーニングは変えてないけれど、チーム練習ではパワーメーターを使ったメニューをやってたよ。

真理　パワーメーター、どうですか？

狩野　脚力の指標になるのはすごくいいけれど、ひとりで使うと追い込みすぎる気がする。ちゃんとトレーニングメニューを作ってくれる人がいればいいけれど、ホビーレーサーはそうじゃないでしょう？

それで、パワーだけ上がって満足してしまって、レースでは遅くなっているホビーレーサーはけっこう見かけるかな……。上手く使わないとリスクもある、と思ってる。コーチとして指導もしている真理は違う意見かもしれないけど。

楽しくなくなったら終わり

真理　たしかに子どもたちにトレーニングメニューを作ることはありますけれど、僕らがシマノでやっていたようなトレーニングメニューが理想だと思っているので、あまりメニューを与えることはないですね。燃え尽きというか、トレーニングがつまらなくなっちゃったら追い込めないじゃないですか。そうすると結局、弱くなっちゃう。

狩野　シマノでのトレーニングは、楽しかったよね。キツかったけど楽しかった。

真理　ですね。

狩野　キツいんだけど、なんだろう、楽しい時間帯もあるんだよね。会話したり笑ったり。そういう時間がちょっとでもあると、毎日、楽しいよね。

真理　楽しく追い込める環境が大事なんですよ。

狩野　もちろんパワーメーターや科学的なトレーニングは凄く有効なんだけど、追い込むだけの効率的なトレーニングってつまらないじゃない。そして、真理が言った通り、楽しさがなくなったら終わりなんだよね。特

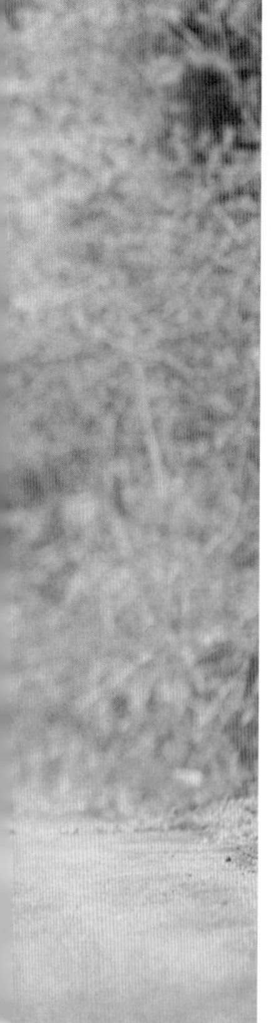

に趣味で走っているホビーレーサーは……。

効率的なローラー台は働きながら走るホビーレーサーの味方だと思うけど、それだけじゃなくて、週末に仲間と走ったり、ひとりで風景がいい場所を走ったりとか、楽しむことを忘れずにトレーニングしたいね。

年齢のせいにしない

真理　狩野さんは、歳の影響はありますか？

狩野　疲れると筋肉が硬くなりやすくなったかな。酷い時はマッサージに行ってる。真理もマッサージは行く？

真理　僕は行ったり行かなかったりですが、筋肉よりも心拍数を上げ続けるのが苦しくなりましたね。追い込

歳を重ねると、勝利を狙う役割から遠ざかることも多い

む練習をしていないせいかもしれないですけど……。

狩野　自分もそれはあるかもしれない。ただ、年齢による変化はそんなに大きくないよね。回復力がちょっと落ちたくらいで。

真理　50歳近くまではあまり変わらずに走れる感覚はあるんですよね。もし僕たちがいたころのシマノみたいな環境があれば。実際は、トレーニング環境も変わるのでそうはいかないですが……。

狩野　自分も、立ち上げた群馬グリフィンで走っていたころはチームの仕事が忙しくてあまり走れなかったな。

真理　フィジカルよりも、脳が問題だと思うんですよ。走れなかったときに「歳だから」と思っちゃう。ただ、後で冷静になって振り返ると年齢関係なかったなって。

狩野　メンタル的にはどう？

真理　欲がなくなりました。自分の成績よりもチームの若い選手の成績を気にするようになったし、チームとお金の交渉もしなくなりましたよ。若い頃は「もっと年俸上げて！」って感じでしたけど（笑）

狩野　自分はシマノ時代の後半からはチーム内でも年上で、つまり役割が変わってないからあまり変化はないかな。

走れる環境を維持する

狩野　今、同じチームにいるフランシスコ・マンセボはもう44歳だけど、今でもスペイン選手権では第2グループでゴールしたり、全然走れている。

　その理由なんだけど、どうもスペインに帰ると、グランツールで総合争いをしていた昔と変わらない練習環境があるらしいんだよね。彼から送られてきた写真を見ると、プロ選手や強豪ホビーレーサーと一緒にトレーニングしているらしい。マンセボを見ていると環境って大事だなと思うな

真理　もう50歳になるダヴィデ・レベリンだって、今年のイタリア選手権で25位ですからね。

　一般の人も、寝不足で調子が悪かったりすると「歳だなあ」と考えたりすると思うんですけど、そのマインドがよくないかもしれないですね。もちろん年齢による衰えはあるんですけど、それよりも環境をチェックしたほうがいい。たぶん、若いころとは大きく変わっていて、それが衰えの原因だと思うんです。楽しく走れる環境を作っておけば、そんな簡単には衰えないですよ。

時間をかけて同じ高みまで上る

藤田晃三さん

KOUZO FUJITA

1967年生まれ　53歳

主要な成績

1992　バルセロナ五輪ロードレース／84位
その他世界選手権、アジア選手権など参加・勝利多数

※プロフィールは2021年9月現在

二度の選手人生

◎第二の人生はヒルクライマーに

トラック競技とロードレースの両方で活躍し、1992年にはバルセロナ五輪代表に選ばれた藤田さん。現役時代から一貫してブリヂストンに所属し、トラックとロードレースの両方で無数の勝利を挙げた。

脚質はオールラウンダー。スプリンターではないが、トラック競技者らしく短時間のスピードもあった。

藤田さんは2000年に引退し、ブリヂストン本社で自転車の販売に携わるサラリーマンとなり、自転車にはたまに乗る程度の生活が続いた。

だが2004年、再びレースに参戦しはじめる。狙いはヒルクライムレースだった。

「当時は、全国各地でヒルクライムレースが増えてきていた時期でした。働いているのでトレーニング時間が確保しづらく、長時間のロードレースは難しかったのですが、1時間で終わるヒルクライムレースなら働きながらでもトレーニングできると考えたんですね」

現役時代は決してヒルクライムが得意ではなかった藤田さんだが、あっというまにトップヒルクライマーとなる。

当時は村山利男さん（P115〜）の時代が終り、森本誠さんの連覇がはじまりつつあったが、藤田さんは2位を含め、乗鞍最上位の常連となった。

ポイント

- ◉ トラック競技、ロードレースの両方で活躍したバルセロナオリンピアン
- ◉ 引退後、働きながらヒルクライムレースに出場しはじめた

バルセロナオリンピックロードレース

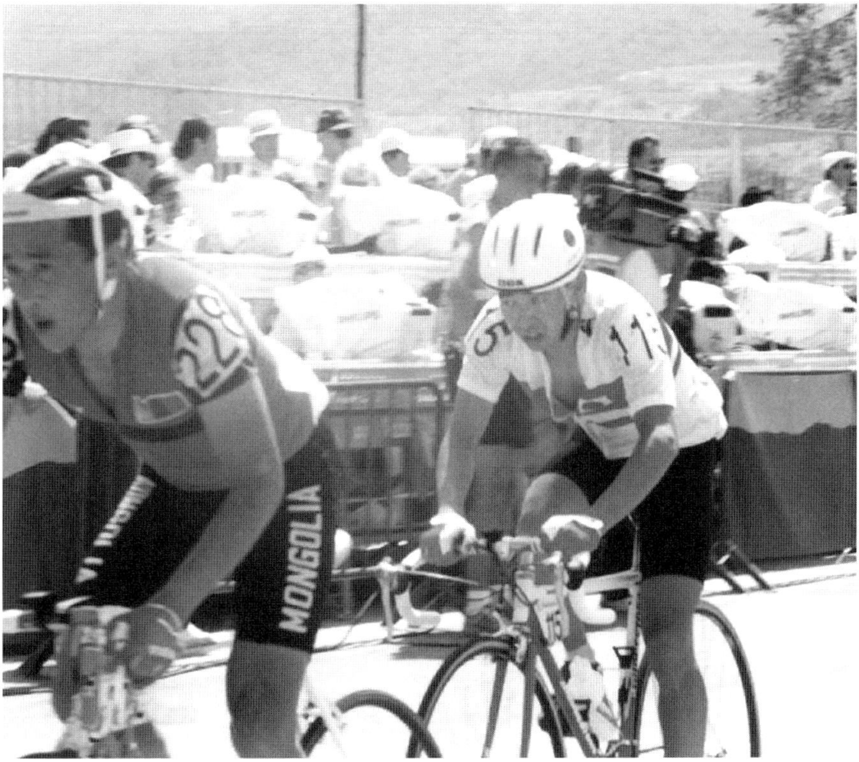

バルセロナオリンピックのロードレースを走る藤田さん。84位で完走した

アドバイス

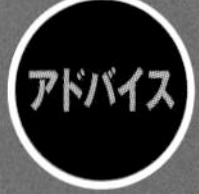

現役時代はヒルクライムは決して得意ではありませんでした。ヒルクライムに限ると、引退後のほうが現役時代より強くなっていたと思います。

無駄なトレーニングは避ける

◎ 週末のロングライドは不要

ヒルクライムレースを狙いトレーニングをはじめた藤田さんだが、トレーニングの内容は固定ローラー台で1時間程度走るだけ。週末に実走をすることもなかった。

「ホビーレーサーは週末にロングライドをしますよね。もちろん長距離のレースを狙うならロングライドも必要なのですが、1時間のヒルクライムなら、ロングライドはそもそも必要がないトレーニングなんです」

ヒルクライマーにとってのロングライドもトレーニングとして無意味ではなさそうだが、避けるのには理由があった。

「ロングライドをすると疲労が残るので、平日のトレーニングで強度を上げづらくなるんです。つまり、余計な疲労になる。トレーニングは絞り込めるだけ絞り込んだ方が無駄な疲労が残らず効率的です。だから、1時間のヒルクライムを狙うなら、1時間のトレーニングだけを行うのが最短ルートなんです」

狙うレースとは時間・強度が大きく異なるトレーニングは、余計な疲労に繋がるため避ける。疲労が大敵になるベテランレーサーにとっても重要な考え方だ。

「貴重な週末にロングライドをするのは楽しいですが、無駄な疲労に繋がっていないか、平日のトレーニングの邪魔をしていないかチェックは必要です」

楽しさの追求が疲労に繋がっていないだろうか?

ポイント

- ◉ 本番のヒルクライムレースに近い1時間程度のトレーニングだけを行う
- ◉ 長距離のトレーニングは無駄な疲労に繋がるため、不要

ヒルクライムレース

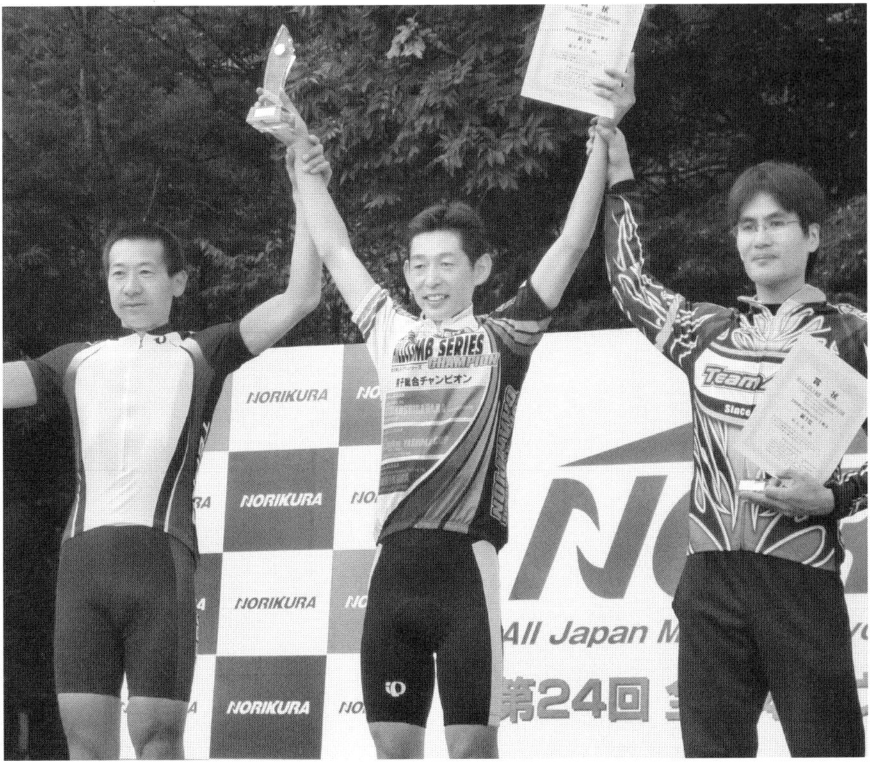

1時間程度で終わるヒルクライムには長時間のトレーニングは要らない。画像は2009年ヒルクライムシリーズ戦優勝時のもの。左は村山利男さん(➡P115)

アドバイス

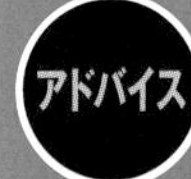

週末はつい張り切って距離を乗りたくなりますが、平日のトレーニングを充実させるためには週末に漫然とロングライドをするのはマイナスかもしれません。

トレーニングを2段階に分ける

◎ 一定レベルまではベース走のみ

ヒルクライムレースを狙いはじめた藤田さんは、トレーニングをはっきりと2段階に分けた。ベース作りの時期と、コンディショニングの時期だ。

「個人差はありますが、一定のレベルまでは特にキツいメニューをやらなくても上がります。私の場合は、それが体重の5倍のFTPでした。5倍まではFTPのやや下のペース走だけで上がります」

「一定のレベル」はもちろん人によって異なる。一般人なら4倍や4・5倍が「一定のレベル」に相当するかもしれないが、いずれにせよ、そのレベルまでは特別なトレーニングは要らないということだ。

だが、5倍のFTPでも乗鞍ヒルクライムで勝利を狙うには物足りない。

「当時（2000年代）でも5倍では乗鞍を勝てません。5・5倍は欲しい。この0・5倍を積み重ねるためには、かなり辛いトレーニングが必要です。その時期のトレーニングはベース作りの時期とは異なりインターバルがメインになります」

当時の藤田さんの場合、1月に乗り始めてから4月までをベース作り、5月から乗鞍ヒルクライムがある8月までをコンディショニングにあてていた。

「ベース作りとコンディショニングを分けることで、キツいトレーニングをする時期を短くできました」

これもトレーニングの効率化だ。

ポイント

- ◉ 一定レベルに達するまでのベース作りとレースに向けたコンディションの時期とを分ける
- ◉ ベース作りの時期はとくにハードなトレーニングは不要

ベース作りとコンディショニング

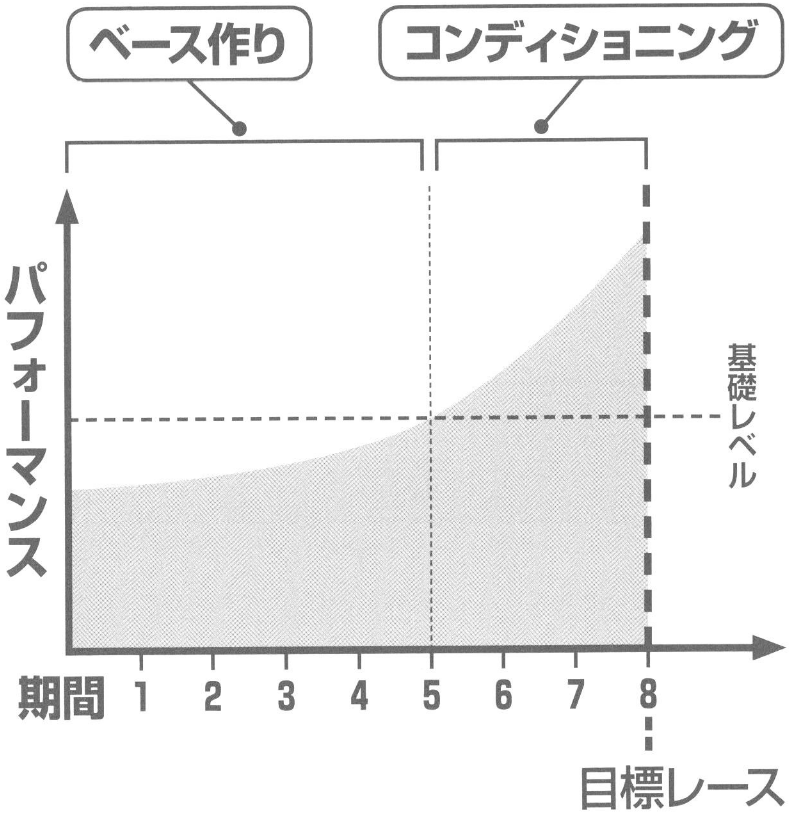

一定レベルまでのベース作りの時期とコンディショニングの時期を区別する。苦しいトレーニングをする時期を短くできる

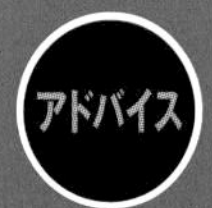

アドバイス 40歳くらいになったときにスケジュール作りのコツをつかみ、ベース作りとコンディショニングを分けるようになりました。辛い高強度トレーニングの期間を短くできます。

コンディショニングでFTPを「引き上げる」

◎ベースを作ってから高強度インターバル

藤田さんのトレーニングは、まずベース作りからはじまる。1月から4月にかけての時期だ。

「ローラー台で20分から30分、FTPの少し下の強度で回すだけです。週3回、1日おきくらいのペースですね。他の日は回復走だけです」

このベーストレーニングを3、4カ月続けると、藤田さんのFTPは体重の5倍に達する。その後はいよいよ、コンディショントレーニングだ。

「マラソンのランナーがマラソンより高強度の短距離走をして限界を引き上げたりしますよね。それと同じで、**本番のレース以上の強度で負荷をかけて、限界を引き上げる。**それがコンディション期のトレーニングです」

この時期のトレーニングでは、FTP走も行うが、もっと高強度のインターバルメニューが中心になる。FTPのさらに上の強度で3分走り、7分レスト。これを3本繰り返す。

「3分走の強度は、FTPが体重の5倍なら6倍と、FTP＋1倍に設定していました。これは、しっかりと回復していないとできない、かなりキツいメニューです」

このトレーニングをやはり週3回程度行いつつ、ダイエットをしてパワーウェイトレシオを上げていく。すると、3ヵ月程度で体が仕上がるというわけだ。

ポイント

- ◉ まずは3カ月程度、一定ペース走でベースを作る
- ◉ ベースができたら、限界を引き上げるための高強度インターバルを3ヵ月程度行う

藤田さんの1週間

月曜日	回復日。ローラー台で1時間回復走
火曜日	トレーニングメニューを行う
水曜日	回復日
木曜日	トレーニングメニューを行う
金曜日	回復日
土曜日	トレーニングメニュー
日曜日	回復日

トレーニングはすべて固定ローラー台。週に3回程度メニューを行い、他の日は回復走にあてる

高強度インターバルとダイエットを続けるのは肉体的にもメンタル的にも辛いものです。だからこそ、時期を絞って集中的にやることが大切です。

中途半端なトレーニングはしない

◎やめる決断は2、3分以内に

「無駄なトレーニングを避ける」という藤田さんの原則は、インターバルトレーニングを続けるコンディションの時期にも徹底している。

「だいたい1日おきにインターバルトレーニングをするのが原則ですが、疲労が溜まっているとやれない日もあります。そういう日は、トレーニングをはじめて2、3分以内にストップすることにしています」

それは、中途半端な強度でトレーニングをして無駄な疲労を溜め込むのを避けるためだという。

「10分でもトレーニングを続けてしまうと、途中でやめても翌日に疲労が残ってしまうんです。すると、翌日も中途半端なトレーニングしかできない。ダメな日はスパッと諦めて、翌日に向けて回復に努めるべきです」

もちろん、乗り始めたばかりのホビーレーサーなら、強度は度外視してひたすら乗ることにも意味はある。しかしある程度のレベルに達したら、狙ったトレーニングを完遂することを大切にすべきだという。

「週末しか走らないなら、好きなだけ追い込めばいいと思います。しかし効率的に強くなるためには平日も走ったほうがいいですし、平日もトレーニングをするなら、回復を忘れてはいけません」

歳を重ねたサイクリストならなおさら、無駄なトレーニングを避けることが重要になる。

ポイント

- ◉ 疲労が溜まっていると感じたら、2, 3分以内にトレーニングを中止する
- ◉ 中途半端なトレーニングをすると翌日に疲労を持ち越してしまう

中止の決断は早めにする

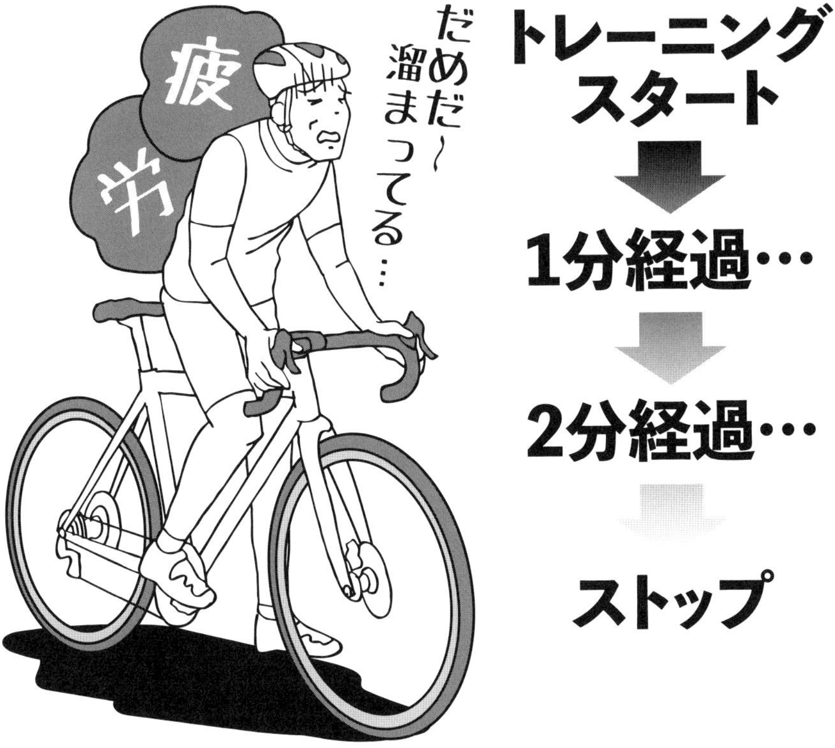

疲労

だめだ～溜まってる…

トレーニングスタート

1分経過…

2分経過…

ストップ

疲労が溜まり、狙ったトレーニングができないと感じたらすぐに中止。中途半端なトレーニングをしてしまうと、翌日にも疲労が残ってしまう

トレーニングで体に負荷をかけることばかり注目されますが、平日もトレーニングをするホビーレーサーなら、50歳を過ぎたら回復に主眼を置くべきです。

歳を重ねたら時間をかける

◎最終的には同じ高さにたどり着く

30代半ばでレースに復帰した藤田さんだが、40代半ばになると年齢の影響を感じるようになったという。

「高強度が辛くなってきたんです。しかし、もちろん本番のレースの強度は変わりませんから、やり方を変えなければいけませんでした」

藤田さんの対策は、コンディション期のインターバルトレーニングの強度と回数を修正し、体への負担を減らすことだった。強度を少し落とし、回数も週3回程度から、2回程度へと減らす。

こうすれば年齢の問題もクリアできるが、最終的に到達できるパフォーマンスが落ちることはないのだろうか？

「もちろん、トレーニングを楽にするだけではパフォーマンスは落ちてしまいます。しかし、コンディショントレーニングの強度を落とすかわりに、期間を長くとるようにしたんです。すると、最終的なパフォーマンスは変わりませんでした。つまり、同じ高さの山に、もっと時間をかけて上るようにしたわけですね」

体への負担を減らすため、コンディショントレーニングの強度を落とし、回数も減らす。そのかわり、それまでは3ヵ月だったコンディション期を4カ月などに伸ばす。

藤田さんはこのやり方で、40代後半になってもほぼ変わらないパフォーマンスを維持できた。

ポイント

- ◉ 歳を重ねるにつれ、高強度トレーニングが辛くなってきた
- ◉ 強度と頻度を少し落とし、かわりにトレーニング期間を長くした

同じ山に時間をかけて上る

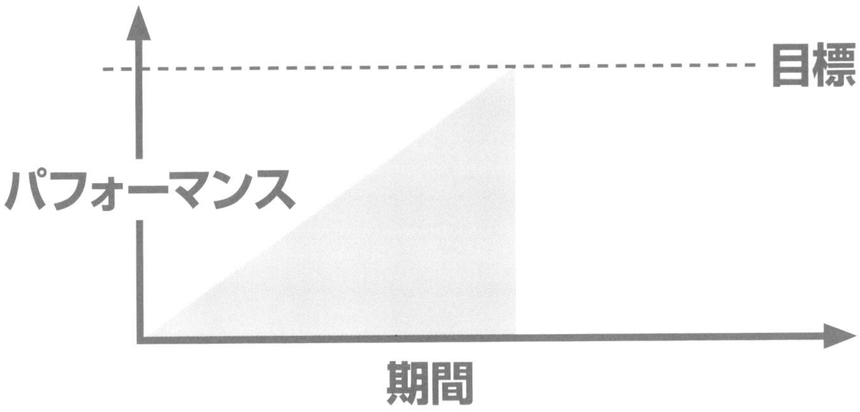

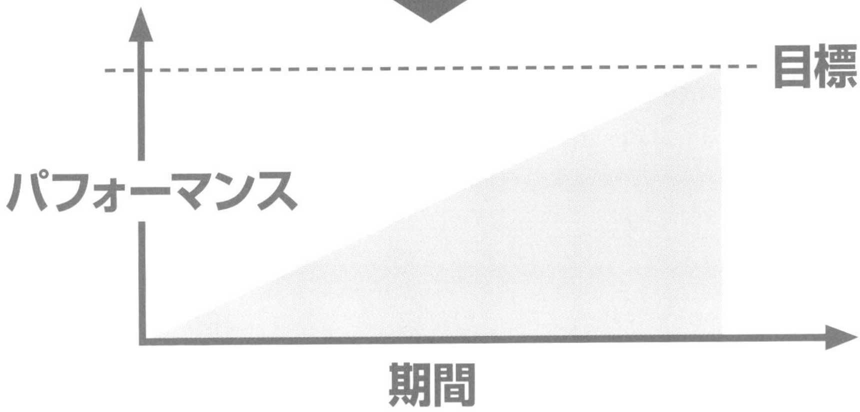

目標

パフォーマンス

期間

目標

パフォーマンス

期間

最終的なパフォーマンスは同じでも、そこに至るまでにかける時間を延ばす。こうすれば、体への負担を減らすことができる

若いと短期間でパフォーマンスを上げられますが、回復力が落ちる50歳近くになっても、時間をかければ同じパフォーマンスに達することができます。

体と相談してケイデンスを変える

◎低ケイデンスのほうが心拍数が低い

藤田さんは、歳を重ねるにつれフォームにも変化が現れたという。

「ヒルクライムではケイデンスが落ちました。同じパワーでも、低ケイデンスのほうが心拍数が低くて済むことがわかったからです」

もちろん、パワーを維持したままケイデンスを落とそうとすると、必要なトルクは大きくなる。つまり筋肉への負担は増えることになるが、藤田さんの場合は問題なかった。

「自分の場合は、筋肉への負担には耐えられました。筋肉への負担が増えることよりも心肺機能への負担が減ることの恩恵のほうが大きかったんです」

心肺機能と筋力のどちらをとるかには個人差があるが、年齢による衰えが目立つ方を、もう一方によってカバーすることは可能だということだ。

「人によっては、ケイデンスを上げて筋肉への負担を減らした方がいい人もいるでしょう。心肺機能と筋力のどちらをとるべきかは、脚質と同じように個人差が大きいと思います」

心肺機能も筋力も年齢と共に徐々に衰えていく。しかし、この2つが同じスピードで衰えるとは限らない。ケイデンスを変えることによって心肺機能と筋力への負担の割合を調整し、自分にとってのベストを見つけよう。

ポイント

- ◉ ケイデンスを下げると、筋力への負担は増すが心肺への負担は小さくなる
- ◉ ケイデンスを変えることで筋力と心肺への負担のバランスを調整できる

ケイデンスと筋力・心肺への負担のバランス

低ケイデンス

筋力への負担大・心肺への負担小

高ケイデンス

筋力への負担小・心肺への負担大

筋力と心肺への負担のバランスは、ケインデンスを変えることによって調整できる

衰えないように鍛えるのがベストだとは思いますが、フォームやポジションを修正することで補えることもたくさんあります。

50歳からでも速くなる！

◎伸びしろはあるが疲労に注意

藤田さんは、ほとんどのホビーレーサーは年齢を問わず伸びしろがあるという。

「限界までトレーニングをしているプロならば、年齢と共に力は落ちていきます。ただし、そこまで追い込んでいるホビーレーサーはまずいません。

ほとんどの方は、何歳であっても伸びしろはあります。40歳や50歳でトレーニングをはじめたとしても、どんどん速くなるはずです」

ただし、ひとつだけ注意しなければいけないのは、歳と共に回復力が落ちていくことだ。

「トレーニングばかりが注目されますが、50歳を過ぎたら無駄な疲労を減らすことと、体を回復させることにも同じくらいウェイトを置くべきです」

そのためには、目標に応じてトレーニングの内容を絞り込むことと、疲労を感じたら早めに切り上げることが基本原則になる。

また、トレーニングの負荷が大きすぎると感じたら、強度を落とし、かわりに期間を長くすればよい。時間をかけ、じっくりと山に上るのだ。

「トレーニングは過負荷による体の破壊と回復のサイクルですが、歳を重ねたら、破壊よりも回復に軸足を置いてください」

実は、何歳でも速くなることは難しくはない。それよりも、回復することを忘れないことのほうが重要だ。

ポイント

- ホビーレーサーの大半には、年齢問わず伸びしろが残されている
- 歳を重ねたら、回復すること、無駄な疲労を避けることに主眼を置く

何歳でも速くなることはできる

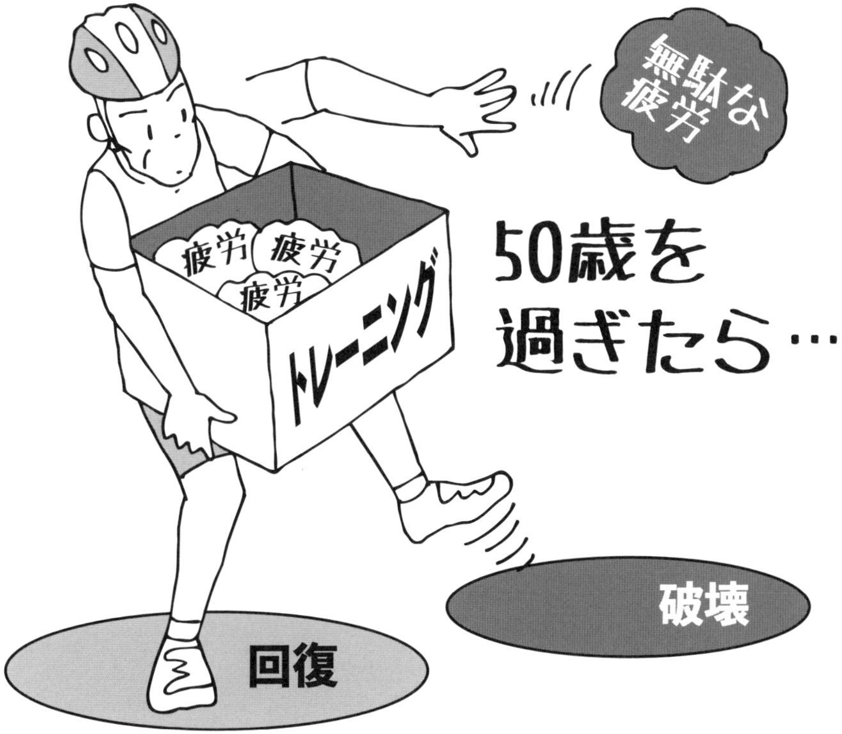
無駄な疲労
疲労
疲労
疲労
トレーニング
50歳を過ぎたら…
破壊
回復

ホビーレーサーの場合、何歳であっても速くなることは難しくない。それよりも回復を忘れないことが大切だ

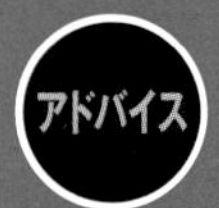

アドバイス 思い切って休むことは、トレーニングをすることよりも難しいかもしれません。しかし、歳を重ねたら引き返す勇気が大切です。また、仕事での疲労も考慮に入れてください。

Column ④

目標であり続けるために

現在の藤田さんは、目標をヒルクライムからトラック競技のマスターズ（一定年齢以上の選手のみ参加できるレース）に切り替えている。

理由は、ヒルクライムのタイムが落ちてきて、他のホビーレーサーの「目標」になれなくなったことだ。

「マスターズのレースに出てたまに負けると、私に勝った選手が泣くんですよ。そこまでレースに情熱を注いでいるなら、彼らに失礼がないようなパフォーマンスを維持しなければいけないと思うんです。

ヒルクライムはタイムが落ちてきてしまったけれど、トラック競技ならまだ彼らの目標でいられる。それが私のモチベーションです」

オリンピアンに勝つことを目標にする選手がいて、彼らの目標であり続けることを目標にするオリンピアンがいる。何歳でも、追うべき目標は見つかるのだ。

お酒と自転車と人生を楽しむ

村山利男さん

TOSHIO MURAYAMA

1959年生まれ　62歳

主要な成績

1995　デュアスロン全日本チャンピオン
1998～2003　乗鞍ヒルクライム6連覇

※プロフィールは2021年9月現在

伝説のヒルクライマー

◎毎月4000km＋お酒

62歳になった村山利男さんは、伝説のヒルクライマーだ。

趣味のランニングで膝を壊したことをきっかけに34歳でロードバイクに転向すると、40代前半だった1998年から2003年にかけては乗鞍ヒルクライムを6連覇。元祖ホビーヒルクライム王としてその名を全国にとどろかせた。

ヒルクライムに転向するまで取り組んでいたデュアスロン（トライアスロンの水泳をランに変えた競技）では、1995年にシリーズ戦で全日本チャンピオンになっているが、その年シリーズ戦ではデュアスロンの世界チャンピオンであるケン・スーザを下している。

村山さんは規格外のトレーニング量でも知られる。50代までは、平日の出勤前に110kmのヒルクライムを含む朝練、帰宅後にはローラー台、週末にはロングライドと、月4000km近いトレーニング量を誇った。雪が多い新潟県に住んでいるため秋から冬は外でのトレーニングが難しいが、その時期は屋内のエアロバイクで高強度のトレーニングを行う。

規格外なのはトレーニング量だけではない。酒豪としても知られる村山さんは、膨大なトレーニングをこなす傍ら、毎晩の晩酌を欠かさない。

「美味しいお酒のために走る」と言ってはばからない村山さん。還暦を超えた現在、トレーニングとお酒の量は減ったのだろうか。

ポイント

- ◉ 元祖最強ホビークライマー。40代のときには乗鞍ヒルクライムを6連覇している
- ◉ 圧倒的なトレーニング量と酒量でも有名

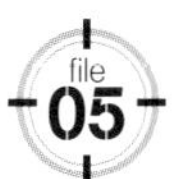

元祖ヒルクライム王

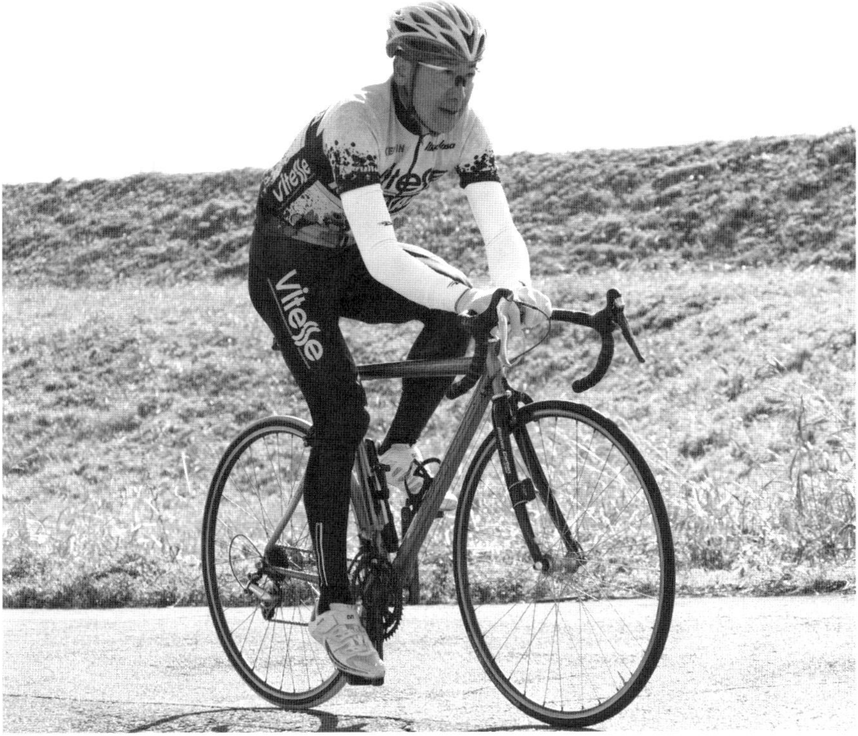

1998年から2003年にかけて乗鞍ヒルクライムを6連覇。そのときすでに40代半ばだった

アドバイス

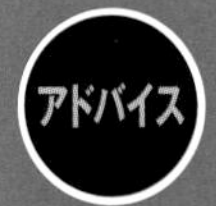

私のモチベーションは、今も昔もお酒です。お酒を美味しく飲むためにはトレーニングが欠かせません。そして休肝日がないわけですから、休息日もありません。

毎日2時間のエアロバイク

◎ビルドアップ走でオールアウト

還暦を過ぎた村山さんの平日のトレーニングは、実走ではなくエアロバイクに切り替わっている。

雪が多い新潟に住む村山さんは、もともと秋から冬にかけてはトレーニング部屋のエアロバイクでトレーニングをしていた。心拍数やパワーも計測できる本格的なモデルだ。

「朝の出勤前に70分、帰宅後に50分ほどトレーニングをしています。内容は、徐々に負荷を上げていく『ビルドアップ走』です」

現在の村山さんは250Wほどでトレーニングを開始して徐々に負荷を上げていき、最終的には330Wで3分もがいてトレーニングを終える。最終的な心拍数は160拍を超えてオールアウトする、かなり厳しいトレーニングだ。

しかし、歳による衰えを自覚することも多いという。

「もうダメですね。全然パワーが落ちていて。昔だったら最後は330Wで10分だったのに、3分が限界です」

週末は20分ほどのヒルクライム3本を含む実走80㎞か、エアロバイクでの1時間のビルドアップ走を3本行う。

1時間のエアロバイクでのトレーニングを30㎞と換算しても月に2000㎞ほど。毎日オールアウトまで追い込む強度の高さを考えると、かなりのトレーニングボリュームだ。

ポイント

- ◉ 1日2回、合計2時間程度のエアロバイクでのトレーニング
- ◉ 週末は80㎞程度の実走かエアロバイクを3時間ほど

エアロバイクでのトレーニング

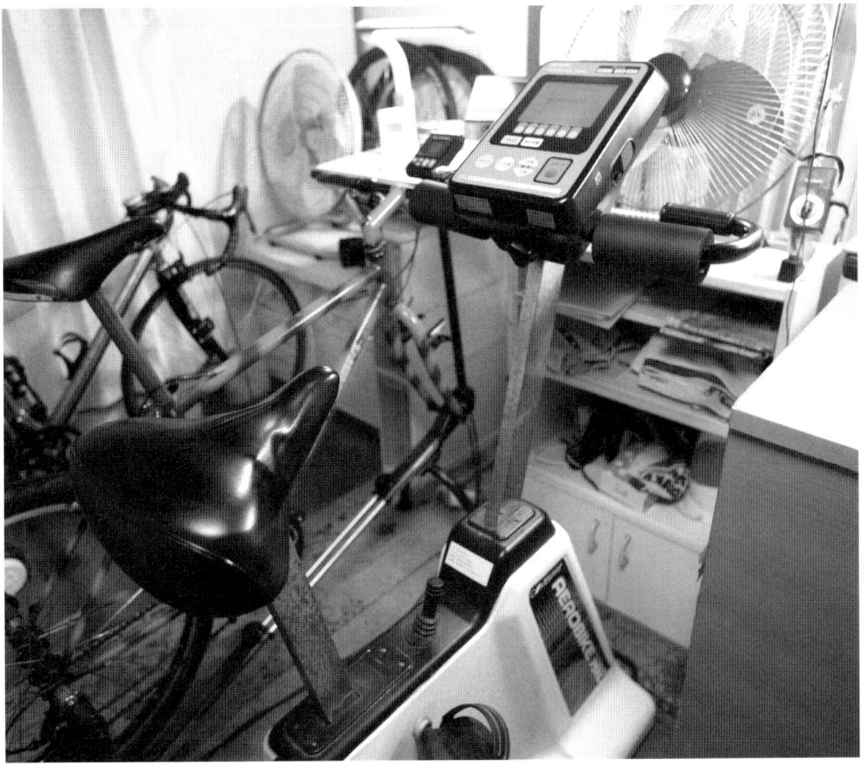

村山さんのトレーニング部屋。村山さんはずっと、アスリート向けのエアロバイクを愛用してきた

アドバイス

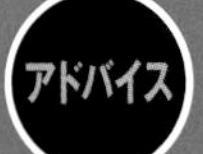

もう3台目になりますが、私は30年間ずっとエアロバイクを使ってきました。心拍数もパワーも測れます。

確実にオールアウトできるビルドアップ走

◎確実に追い込むことができる

村山さんの屋内トレーニングのメニューは、昔からずっと「ビルドアップ走」だ。一定時間ごとに徐々に負荷を上げていくのがビルドアップ走で、コンディションによらずオールアウトまで持っていけるのがメリットだ。

「今の人は一定ペース走が多いんですか？でもね、速くなりたいならビルドアップ走のほうがいいと思います。限界まで追い込めるし、体調を観察しやすいから」

現在の村山さんは、10分間のウォーミングアップを終えると、まず250Wで20分間、エアロバイクを回す。

次に260Wで10分、270Wで20分回した後、一気に300Wまで上げて5分耐える。そして最後には、310W、320W、330W……と強度を上げながらオールアウトする。

「日によりますが、今は330Wだと3分くらいが限界ですね。心拍数も160ちょっとまでしか上がりませんが、上げられるところまで上げればいいんです」

一定ペース走はコンディションが悪いと途中で終わってしまうことがあるが、徐々に強度を上げていくビルドアップ走は、コンディションによらず限界まで追い込める。

ただし、疲労も大きいため、回復の時間はしっかり割きたい。

なお、今の村山さんはパワーを目安にしているが、心拍数を指標にビルドアップすることもできる。

ポイント

- ◉ 一定時間ごとに徐々に負荷を上げていくのがビルドアップ走
- ◉ コンディション問わずオールアウトできるのが強み

ビルドアップ走

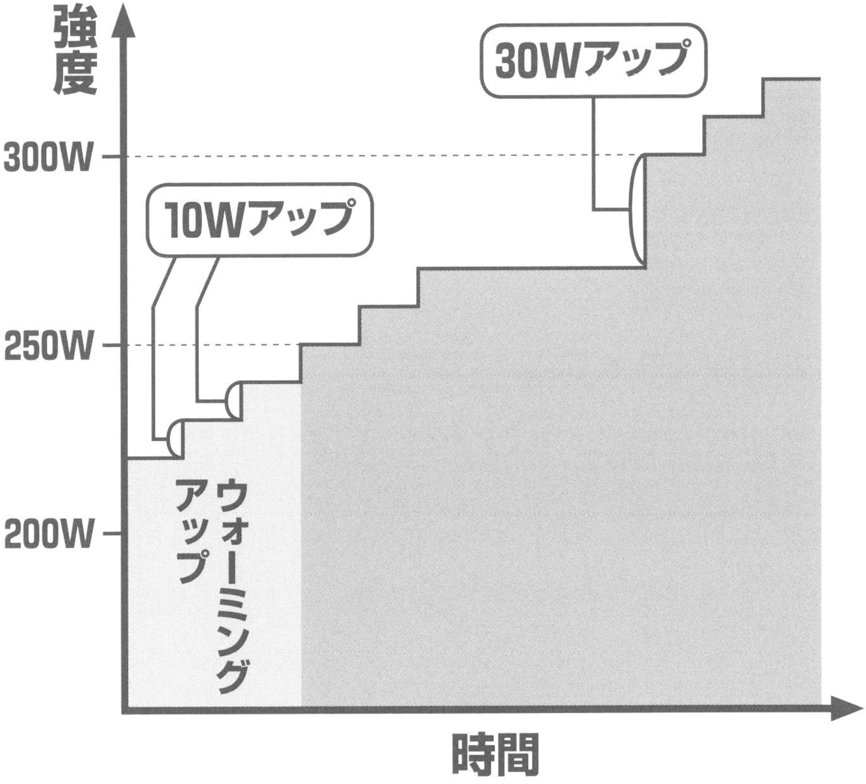

徐々に強度を上げていくため、どんなコンディションでもオールアウトできる

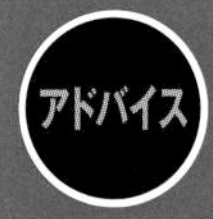

アドバイス
徐々に追い込んでいくビルドアップ走なら、50歳くらいまでの若い方ならどんどんパワーアップできますよ。10W上げるごとに体と対話して、その日の調子を確認してください。

どんな場面でもビルドアップ

◎平地でも山でもビルドアップ

村山さんのトレーニングの原則は、「全力を出し切る」ことだ。

屋内でのエアロバイクでのトレーニングに限らない。週末のヒルクライムや、山まで移動する平地でも、全体として「尻上がり」になるよう意識している。

「前夜に飲みすぎる日もあるし、調子がその日ごとによって違う中で、力を出し切りたい。そのためにはトレーニング全体を尻上がりにするのがコツです。一定ペースじゃないんです」

たとえばヒルクライムなら、遅めのペースで走りはじめ、徐々にペースを上げていく。また、山への往復の平地でも、同じようにペースが尻上がりになるように走る。

さらには、往復の平地は、行きよりも帰りのほうがペースが速い。つまり、個々のメニューがビルドアップになっているだけではなく、全体としてもビルドアップになっているということだ。

「私のトレーニングは、屋内でも外でもビルドアップだけと言ってもいいかもしれませんね。ゆっくり入って、徐々にペースを上げていって、最後は全力。どんな場合でもこれが大原則です」

コンディションに左右されず全力を出し切れるビルドアップ。トレーニングのプランを立てにくいホビーレーサー向きだ。

ポイント

- **エアロバイク以外でもビルドアップを意識して走る**
- **個別のメニューも、1日のトレーニング全体もビルドアップ的になっている**

「尻上がり」のトレーニング

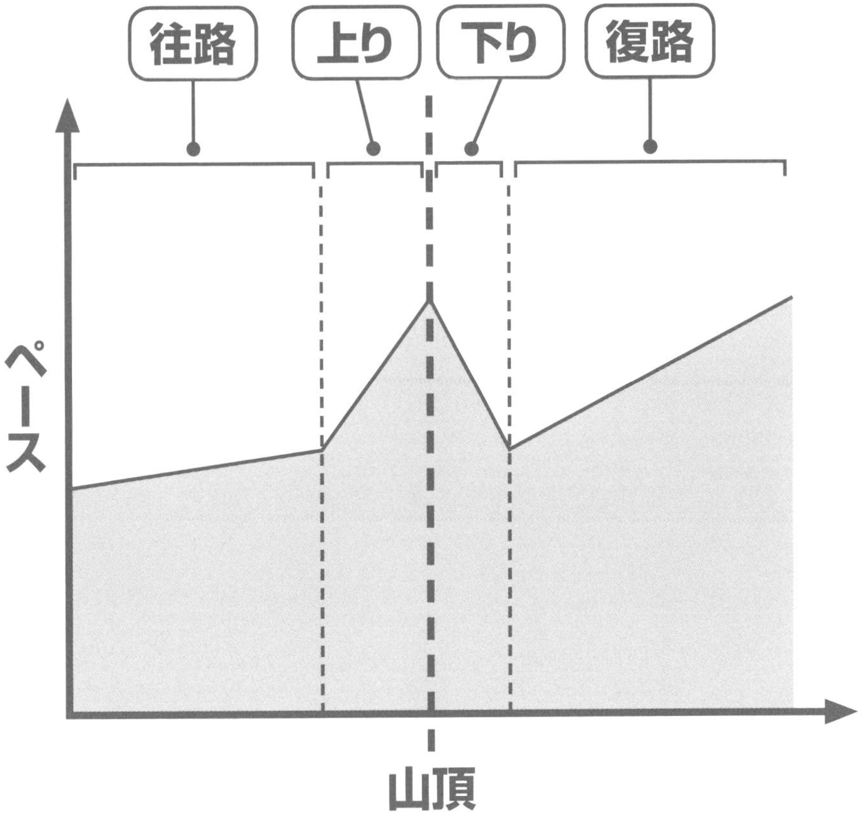

部分的なメニューも、トレーニング全体も、尻上がりにするのが全力を出し切るコツだ

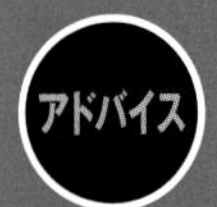

アドバイス
ホビーレーサーはスケジュールが読みにくいので、トレーニングはシンプルでいいのです。その点、どんなときでも全力を出しきれるビルドアップはぴったりです。

ランニングに学んだペース配分

◎「入りの5分」でペースをつかむ

ヒルクライムでもっとも重要なペース配分。ゴールまで継続できる範囲でもっとも速いペースを維持するのがタイム短縮のポイントだが、村山さんは、ペース配分はランニングから学んだという。

「私がロードバイクに乗りはじめたころは、トレーニングや走り方に関してはランニングのほうが先を行っていましたから、学ぶことは多かったんです。ペース配分もそうです」

ランニングでもペース配分は極めて重要だ。

「ランニングではゴールまで一定ペースで走るのが一番早いんですが、これはヒルクライムも同じ。だから、できるだけ早い段階でその日のペースをつかまなければいけません」

したがって、ヒルクライムでは序盤にペースを把握する作業が欠かせない。

「箱根駅伝などで『入りの1㎞のペースが○○分でした』などと言いますね。あれは、ランニングではその日のペースを決める最初の1㎞がもっとも重要だからです。

同じように、ヒルクライムでも最初の5分でよく体を観察し、その日のペースを決めてください。最初の5分は体を観察するためにあると言ってもいいくらいです。いきなり飛ばすのは論外です」

まずは冷静に体を観察し、適切なペースを決めよう。

ポイント

- ◉ ヒルクライムではペース配分がもっとも大事
- ◉ 最初の5分は適切なペースをつかむことに集中する

ペース配分のイメージ

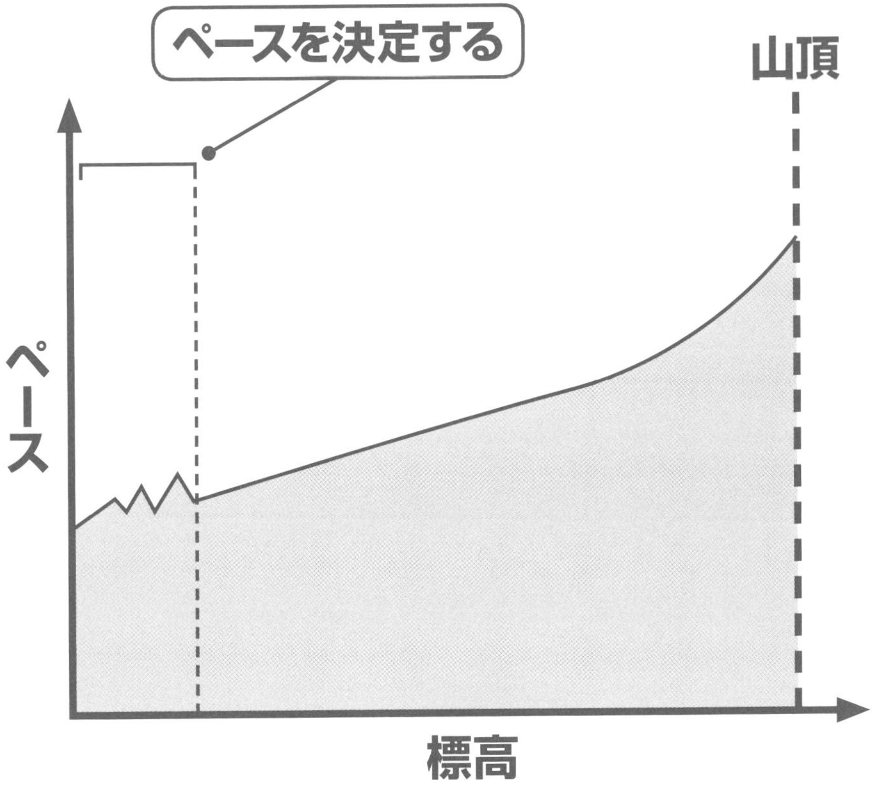

ペースを決定する

山頂

ペース

標高

最初の数分で体を観察し、その日の最適ペースを決める。その後はペースを守って走りぬく

最初の5分でゆっくり心拍数を上げつつ、その日のペースを把握します。ちなみに、本番のレースでは練習よりもずっと高い心拍数を維持できますから、練習時の心拍数はアテになりません。

オーバーペースに対処する方法

◎思い切ってペースを落とし再調整

ヒルクライムでもっとも避けたいのが、オーバーペースだ。その日のコンディションを上回るペースで走ってしまうと、どこかで大きく失速してしまう。

「自分より速い人に無理についていったり、速すぎるペースで走ってしまうと、一気に失速します。それがオーバーペースです。

でも、最適な一定ペースで走っていれば、後半になって先行したクライマーに追いつくかもしれませんよ」

早い段階で最適なペースをつかめるのが理想だが、もしオーバーペースに陥りそうになっても諦める必要はない。ペースをもう一度調整すればいいのだ。

「オーバーペースだと感じても、慌てずにペースを修正しましょう。このときのコツは、思い切って大幅にペースを落とすこと。心拍数にして20は下げてください。

その後、もう一度ゆっくりペースを上げていき、体と相談しながら最後まで踏めるペースに落ち着かせます」

ペースを落とすとタイムを失うことになるが、オーバーペースで一気に失速するよりも傷は浅い。

「大切なのは諦めないことです。オーバーペースに陥ったとたんに諦める人が多いのですが、ペースを立て直せれば、意外といいタイムが出ますから」

勇気をもって、ペースを修正することが大切だ。

ポイント

- ◉ オーバーペースに陥ると一気に失速する
- ◉ ペースを修正するときは、思い切ってペースを落とし、もう一度上げていく

ペース調整のイメージ

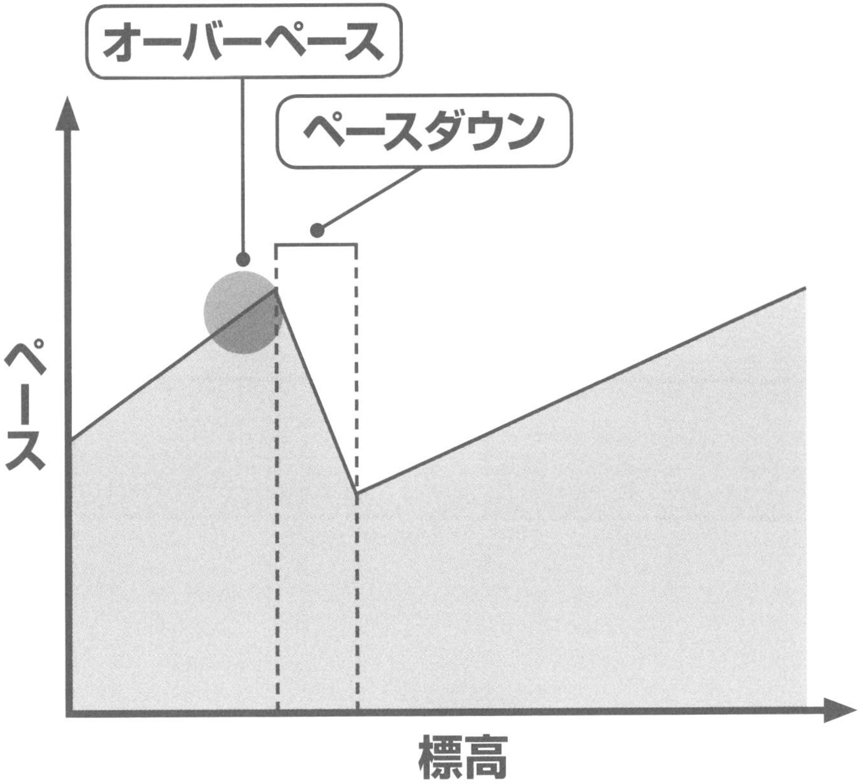

オーバーペースだと感じたら思い切って大幅にペースを落とし、ゆっくり上げていく。その中で最適なペースを探る

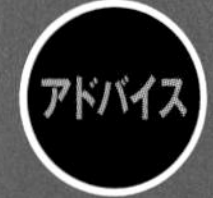

アドバイス オーバーペースはヒルクライムの大敵ですが、諦めてはいけません。オーバーペースからペースを取り戻すスキルもヒルクライマーには必要です。

安心・安全なヒルクライム

◎ 体に優しい自転車

常人離れしているように見える村山さんのトレーニング量だが、もともとランニングをしていた村山さんにとっては、自転車は「体に優しい」趣味なのだという。

「子供のころからずっとランニングをしてきて、いろいろな大会にも出たんですが、33歳のときに膝を痛めてしまったんです」

そして自転車に出会った村山さんは、体への負担の小さいことに驚いたという。

「びっくりしました。ランニングとは違い体への衝撃がないですから、いくらでも走れてしまいます」

その後デュアスロンを経てヒルクライマーとなるが、実は村山さんは平地のレースも好きだという。全日本選手権のタイムトライアルで12位に入ったこともある。

◎ ケガのリスクが小さいヒルクライム

そんな村山さんがヒルクライムレースを中心に走っているのは、落車のリスクが小さいからだ。

「プロじゃないんですから、絶対にケガは避けたい。だから、低速で、万が一転んでもケガが少ないヒルクライムを選んだのです」

相対的に体への負荷が小さく、ケガのリスクも最小限。ヒルクライムは年齢を重ねたサイクリストには最適かもしれない。

ポイント

- ◉ ロードバイクは体への負担が小さいのが特徴
- ◉ ヒルクライムはケガのリスクが小さい

ヒルクライム

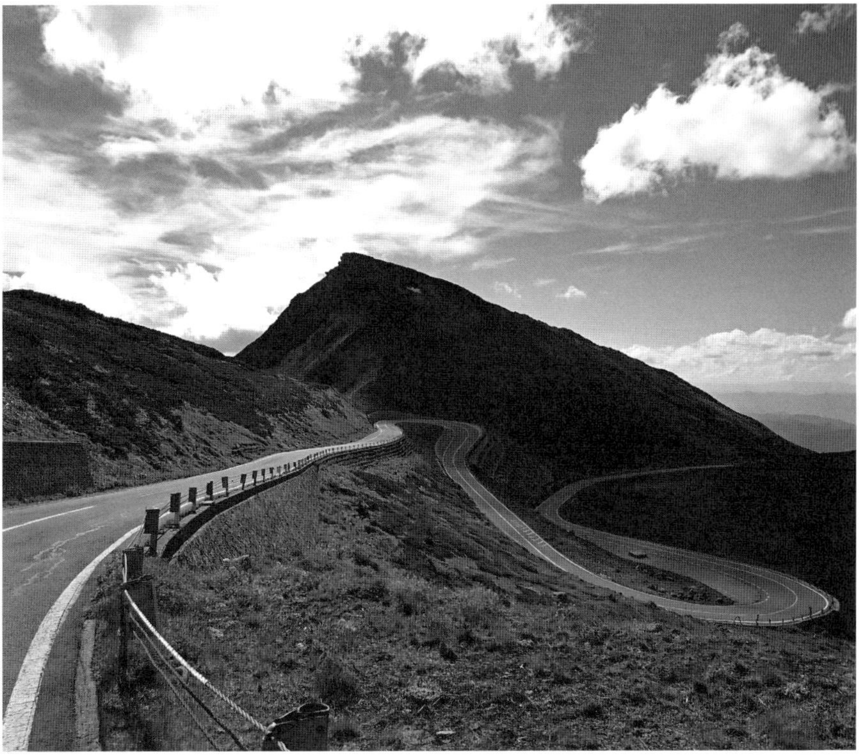

壮大な光景を楽しめ、トレーニングの成果をタイムで確かめられるヒルクライム。写真は日本のヒルクライムの「聖地」乗鞍スカイライン

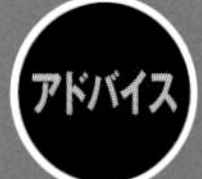

アドバイス ロードバイクは、実はとても体に優しい趣味なんです。いくらでも走れてしまい、いくらでもカロリーを消費できる。お酒もどんどん美味しくなります。

揺るがないモチベーションは「お酒」

◎お酒を楽しむために走る

還暦を過ぎて少しずつ力が落ちている村山さんだが、ロードバイクへのモチベーションはまったく落ちていない。

理由は、走る目的がお酒だからだ。

「私は方針がまったく揺るがないんです。つまり、毎晩お酒を楽しみたい。そしてお酒を美味しく飲むためには汗を流したいし、心拍数も160まで上げたい。シンプルなんです」

レースが多かった時期は、平日は「休肝日」としてアルコール度数4％のチューハイを4本に留めていたが、新型コロナウイルスの影響でレースが減った昨今は、平日は日本酒4合を楽しむ。

「毎晩、4合の日本酒を楽しむためには2時間は乗りたい。だから走っているんです。モチベーションの源がしっかりしていれば、何歳になっても走り続けられるはずです」

村山さんは食べることも好きだ。脂質を避け、タンパク質をたっぷり含む食事と一緒に日本酒を楽しむ。

「鳥の胸肉や牛肉の脂のない部位を、1日500gくらいは食べますね。トレーニング後のプロテインの代わりにも鶏の胸肉を食べています」

トレーニング量が増える週末はお酒の量も増え、日本酒4合を「ベース」に、さらに飲むという。

「休肝日がないように、トレーニングにも休息日はありません」

ポイント

- ◉ お酒を走るモチベーションにしている
- ◉ 食事は脂質を避け、タンパク質を大切に

お酒がモチベーション

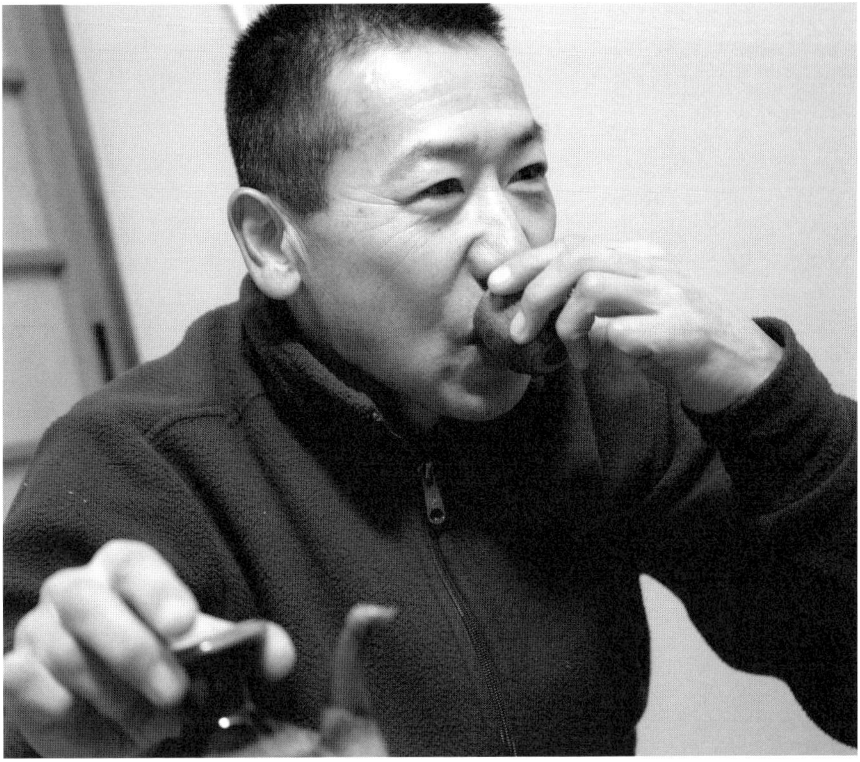

ヒルクライム界きっての酒豪で知られる村山さん。平日は1日4合の日本酒を楽しむ

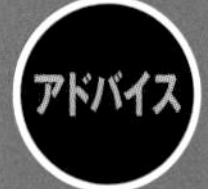

アドバイス お酒は、ぜったいに汗を流してからのほうが美味しいはずです。まあ､別に無理に飲む必要はありませんが､大切なのは､走るためのモチベーションを見つけることです。

変化と老いを楽しむ

非凡な体力を誇る村山さんも、年齢の影響は受けている。

「パワーも落ちていますし、峠も遅くなった。いつも上る山のタイムも、1割以上遅くなりました」

◎自分を観察する

しかし、衰えはモチベーションに影響しない。変化していく自分の体を見ることは楽しみでもあるからだ。

「トレーニング中に自分の体を見るのは楽しいですよ。調子が悪いのは夕べ飲み過ぎたせいかもしれないし、腰が痛いのはフォームがまずいせいかもしれない。

特に私なんかは歳ですから、老いていくのも面白い。歳と共に衰えるのは当然ですから、がっかりするのではなく、それを楽しめばいいんです」

毎日2回のエアロバイクでのトレーニングは退屈に思えるが、自分の体を観察するためには、環境を変えないことはむしろプラスだという。

「走るコース、環境が変わっちゃったら体の変化に気づきにくいじゃないですか。同じエアロバイクでトレーニングするからこそ、変化に気づくんです」

村山さんによると、モチベーションが落ちるのは変化がないためだという。

「新しい機材や自転車でモチベーションを上げるのもいいですが、毎日変化するのが体です。体を観察しながら走れば、飽きることはないですよ」

ポイント

- ◉ 変化がないと飽きるが、変化があることはモチベーションに繋がる
- ◉ 体は日々変化する。老いを観察することもモチベーション

変化する体を観察するのが楽しい

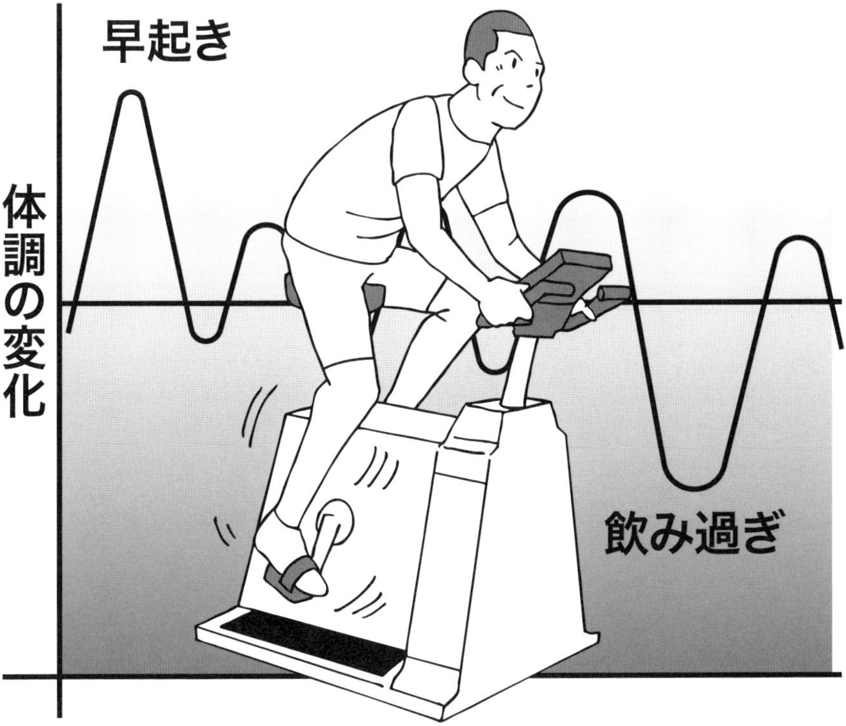
早起き
体調の変化
飲み過ぎ

変化はモチベーションをもたらす。ならば、もっとも激しく変化する自分の体を観察しよう

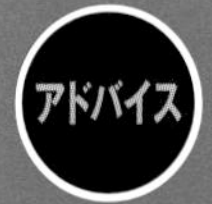

アドバイス　衰えるのは当然ですが、工夫して衰えを防ぎ、場合によってはパワーアップできるかもしれない。それも楽しいですね。

世代別の勝負をモチベーションに

◎目標は欠かせない

村山さんのモチベーションは、もちろんお酒以外にもある。レースだ。

「やっぱり目標がないといけないですね。今（2021年）はコロナでレースが減っていますけれど、できるだけ色々なレースにエントリーします。でも、一番の目標は2022年のワールドマスターズゲームズです」

ワールドマスターズとは、スイスの国際マスターズゲームズ協会が主催する、4年に1回開かれる中高年のための大会だ。2022年には日本の関西で大会がある。村山さんが狙うのは、ロードレースの年代別部門だ。

「私の歳になるとどんなにがんばっても力は落ちますが、世代別の勝負がモチベーションになります。マスターズで世界一になって、ヒルクライマーが一番強いことを証明したいんです。でも、50歳くらいまではどんどん強くなれるから、年齢を気にする必要はないじゃないですか？」

年代別部門が用意されているレースは国内にも多い。そこでは、一般部門とはまた違う戦いが繰り広げられている。

「目標としっかりした基本方針さえあれば、いつまでも走れます。マスターズゲームズは5歳刻みで95歳+部門までありますから、95歳までは自転車と酒を楽しめるということです」

自転車と人生は、何歳になっても楽しめるのだ。

ポイント

- ◉ モチベーションになるレースには、できるだけエントリーする
- ◉ 一定の年齢になったら、年代別部門を目標に

何歳になっても走り続ける

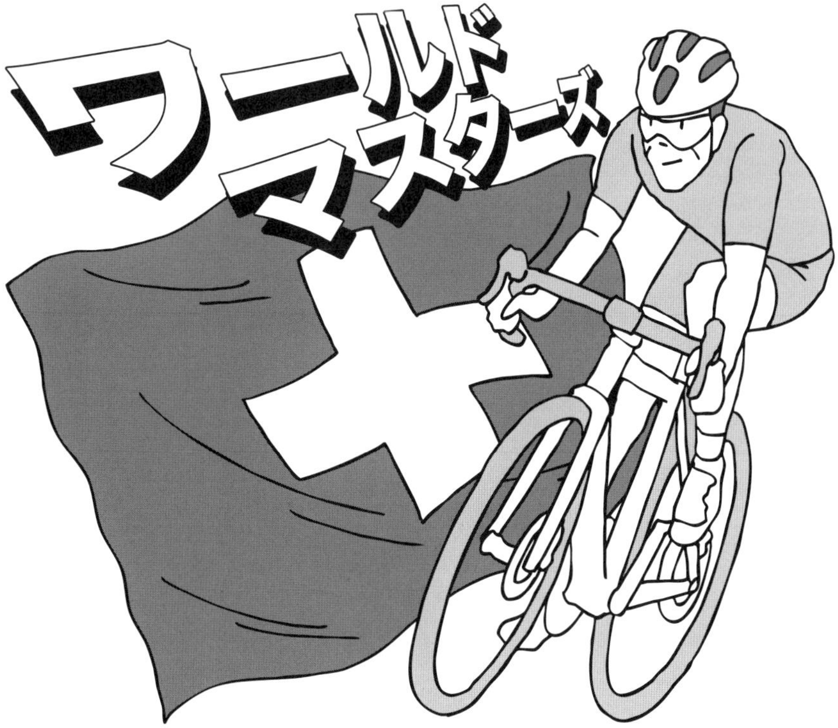

モチベーションを生む目標さえあれば、何歳になっても自転車を楽しめる

アドバイス

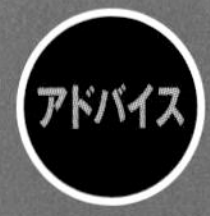

体はまだまだ元気で、毎日でも外を走りたいくらいです。少し痛む腰を治して、体重を落とせば、来年はもっと走れるはずです。

Column ⑤

お風呂でお酒

村山さんは50歳になるまで湯船には入らず、シャワーで済ませることが多かった。晩酌までの時間を短縮するためだ。

ところが、そのころから腰痛に悩まされるようになり、湯に入って血行を良くする必要が出てきた。晩酌が遠ざかってしまう。

そこで村山さんは一計を案ずる。酒とつまみを風呂に持ち込み、湯船につかりながら晩酌を開始するのだ。こうすれば、酒を飲み干すまでは湯船に入っていられる。

このやり方は大成功。腰痛はもちろん、トレーニングの疲れもとれやすくなったという。

「そういうわけで、私の晩酌は風呂場ではじまるんです。まずは湯船で日本酒の冷やを一合。まあ、晩酌を真似るのはお薦めできませんが、風呂の効果は大きいですから、年配の方はぜひ、湯船に浸かって疲れをとってください」

※お酒は危ないので読者はマネをしないでください。

自転車仲間はいつまでも財産になる

奈良 浩さん

HIROSHI NARA

1965年生まれ　56歳

主要な成績

2012　ツール・ド・おきなわ市民210km／4位
2014　富士チャレンジ300／2位
2017　富士チャレンジ200／2位

ぷっつりと切れないように

◎何歳から始めたか？

56歳の奈良さんは、ツール・ド・おきなわはじめ多くのホビーレースで上位に入ってきたが、関東で練習会を多く主催してきたことでも知られている。関東のホビーレーサーの間では有名な「おはサイ」や「ひるサイ」といった練習会は奈良さんがはじめたものだ。

「2020年からはイナーメ信濃山形で走っています。一時期は実業団レースを辞めようとも思ったんですが、結局、続けていますね」

2020年からの新型コロナウイルス禍により、練習量は減ってしまったという。自転車通勤の途中でトレーニングをしていたのが、仕事がほとんど在宅勤務になり、自転車通勤がなくなったからだ。

また、年齢の影響もある。

「回復が遅くなりました。週末に300km近くがっつり走ると、水曜日くらいまで疲れが残る感じです。もともと距離を乗ってコンディションを上げていくタイプなので、トレーニング量が減って回復力も落ちたのかもしれませんが」

しかし、まだまだモチベーションは落ちていない。

「週末に絞れば、若い人たちと、まあ互角とはいいませんが一緒に走れますから、それが楽しいんです。無理をしてぷっつりとモチベーションが切れないように走っています」

ポイント

- ◉ 30年を軽く超えるホビーレース歴
- ◉ トレーニング量が減り、回復力も落ちた？

奈良さんの1週間

月曜日	休息日
火曜日	朝練。仲間と80kmほど
水曜日	休息日。90分ほど走ることも
木曜日	朝練
金曜日	休息日
土曜日	仲間と150kmほどロングライド
日曜日	仲間と100kmほど

平日の自転車通勤が無くなったが、火曜日と木曜日に仲間との朝練に行くようになった。月間走行距離は1500kmほど

高強度インターバルとダイエットを続けるのは肉体的にもメンタル的にも辛いものです。だからこそ、時期を絞って集中的にやることが大切です。

高強度に弱くなった

◎アベレージの力は落ちない

年齢の影響は回復力の低下などに感じるが、アベレージのパワーはほとんど変わっていないという。低下を感じるのは高強度域だ。

「心肺能力はあまり落ちていないのでアベレージで走るぶんにはいいのですが、ぐっとペースを上げられるとキツい。昔は割と得意だった高強度に弱くなりました」

ただし、トレーニングの変化のせいかもしれない。

「正直、高強度でのインターバルトレーニングをやらなくなった影響はあるかもしれません。もっと高強度メニューをやれば変わるかもしれませんが……」

そういう奈良さんは、最も年齢の影響を感じるのは「闘争心」だという。

「闘争心が落ちました。ガツガツするよりも仲間と楽しむことのほうが優先順位が高いですね」

そう言う通り、奈良さんの財産は自転車仲間だ。仲間と走れることが、奈良さんのモチベーションになっている。

「新型コロナウイルスの感染が広がっていた2020年の一時期は、仲間との練習会をやめて一人でトレーニングをしてみました。で、峠のタイムを計ってみたりしたんですが、張り合いがなくて。やっぱり私には合わないみたいです」

そこで奈良さんは、仲間とのトレーニングを再開する。

ポイント

- ◉ アベレージのパワーはあまり変わらないが、高強度に弱くなった
- ◉ 一人でのトレーニングではモチベーションが続かない

仲間とトレーニング

仲間と楽しむ

闘争心

仲間とのトレーニングには、モチベーションを維持する効果もある

トレーニング効率だけを求めるなら、ひとりでのトレーニングでいいでしょう。しかし仲間と走ることでモチベーションが維持でき、結果的にパフォーマンスも保てるのです。

平日に仲間と高強度トレーニング

◎周回コースでのトレーニング

コロナウイルスの影響で平日の自転車通勤がなくなり、また、練習会を中止したことでパフォーマンスが落ちた奈良さん。平日のトレーニングを再開することにした。

「仲間と一緒に、車が入れない一周５㎞くらいのコースを6周します。正味1時間もかからない短い練習ですが、相当ハードですよ」

内容は疑似レースではなく、ＴＴＴ（チームタイムトライアル）に近い。参加者全員で先頭交代をしながら周回コースを走るのだ。

「できるだけ速く走れるよう、脚力に応じて先頭交代をするんです。強い人は長めに前を引き、そうでない人は短め。ペースが速いのでちぎれる人も多いのですが、周回コースなので1周待てば復帰できるのもいいところです」

仲間と走ることで、距離は短いが非常に強度が高い効果的な練習ができるということだ。

強い練習仲間が揃っていることも、トレーニングの質を上げている。

「一緒に練習するメンバーは、かなり強いです。強豪ホビーレーサーやプロ選手に近い人もいますね」

平日の朝の1時間という限られた時間でも、仲間と走ることで、ひとりでは不可能な効果的なトレーニングができる。時間がないホビーレーサーにとっても重要だ。

ポイント

- 車が入らない周回コースで、仲間とトレーニング
- 疑似レースではなく、ＴＴＴのようにできるだけ速く走ることで強度を上げる

周回コースでのTTT的トレーニング

車が入らない周回コースで行う

周回だとちぎれた人も次の周で戻れる

全員で先頭交代しながらできるだけ速いペースで走る

単独では不可能な速度で追い込める

強い人ほど長く前を引く

脚力差を埋め、全員が均等に追い込むことができる

メンバーが順に先頭を引くことで、チーム全体としてできるだけ速く走るTTT。先頭を引く時間の調整やスムーズな先頭交代がポイントだ

このトレーニングはシンプルですが、非常にハードで、私もしばしば切れてしまいます。でも、次の周回で集団に復帰できるので、すぐにトレーニングを再開できます。

週末のロングも仲間と

◎山に行くまでの平地がメイン

週末はロングライド。もちろんトレーニング仲間と一緒だ。

「土曜日に140㎞くらいで、日曜は100㎞とか。二日目は疲れますけどね」

山に向かって走りに行くことになるが、実はヒルクライムはメインではなく、往復の平地のほうがトレーニングの中心になるという。

「山に行くまでの平地を、やはり仲間と先頭交代をしながらかなりのペースで走ります。筋トレで体重が増えたので上れなくなったこともありますが、山は、イーブンペースで上るくらいですね」

週末に仲間と山に行くホビーレーサーは多いが、奈良さんの考えでは、山よりも平地のほうが重要だ。

「140㎞走るとしても、山はそのうちせいぜい20㎞くらい。残りの120㎞は平地ですから、そこをどう走るかが重要です」

平地では、平日朝のトレーニングのように、先頭交代をしながら高速で走り続ける。

「あまり人数が多いと危ないので小集団に分けて走ります。強度は、平日朝よりは少し低いですが、それでもLSDよりずっと上、FTPの少し下です。だから2日目(日曜日)はかなりきついですね(笑)」

実に100㎞以上を中程度の強度で踏み続けていることになる。ひとりでは難しいトレーニングだが、仲間がいることでモチベーションが上がり、可能となる。

ポイント

- ◉ 週末も仲間と山にロングライド。
- ◉ 山よりも、山へのアプローチの平坦がメイン。先頭交代をしながら踏み続ける

山岳を含むロングライド

山よりも往復の平坦がメイン

コースの大半は平坦。そこを重視する

先頭交代をしながら走る

脚力に応じて先頭を引く時間を調整

小グループに分ける

公道なので人数が多すぎると危険。
数名程度のグループに分ける

先頭交代をしながら、かなりのペースで走り続ける。強度は高いので、ひとりでは難しいトレーニングだ

山への往復の100㎞以上を、FTPよりやや下のペースでずっと踏み続けることになります。かなりハードで、2日目にはかなり脚にダメージがありますが、それだけ効果的なはずです。

高強度中心だと疲れない？

◎高強度の疲れは早く抜ける

以上の、平日朝と週末のトレーニングが現在の奈良さんのトレーニングの中心だ。

一見して分かるのは、強度が高いということだ。平日朝のトレーニングはＦＴＰ前後で踏み続け、週末の山までの平地も、ＦＴＰのやや下、いわゆるスイートスポットに近い強度だ。

「今は、ゆっくり走るのは平日の朝練の練習場所への往復くらいですね。月１，５００㎞走るとして、その大半は踏みっぱなしということになります」

トレーニングの大半が中～高強度ということになるが、歳を重ねたことを考えると、実は意味のある変化かもしれない。

「短時間・高強度の練習のほうが回復しやすい気がするんです。平日の朝練なんて、レースよりキツいくらいですが、２日後には完全に回復しています」

もともと奈良さんは、長距離の乗り込みによって強くなったレーサーだ。３０年以上ある自転車歴の序盤は、ひたすらにＬＳＤを続けていた時期もある。

したがって、歳を重ねるにつれトレーニングの強度を上げ、時間は短くしていることになる。

短時間・高強度のほうが疲労から回復しやすいなら、ベテランレーサー向きといえる。そして、強度を上げるために必要なのが、モチベーションを上げてくれるトレーニング仲間だ。

ポイント

- ◉ 短時間・高強度トレーニングのほうが疲れが抜けやすい？
- ◉ 高強度トレーニングは仲間がいたほうが継続しやすい

低強度トレーニングから高強度トレーニングへ

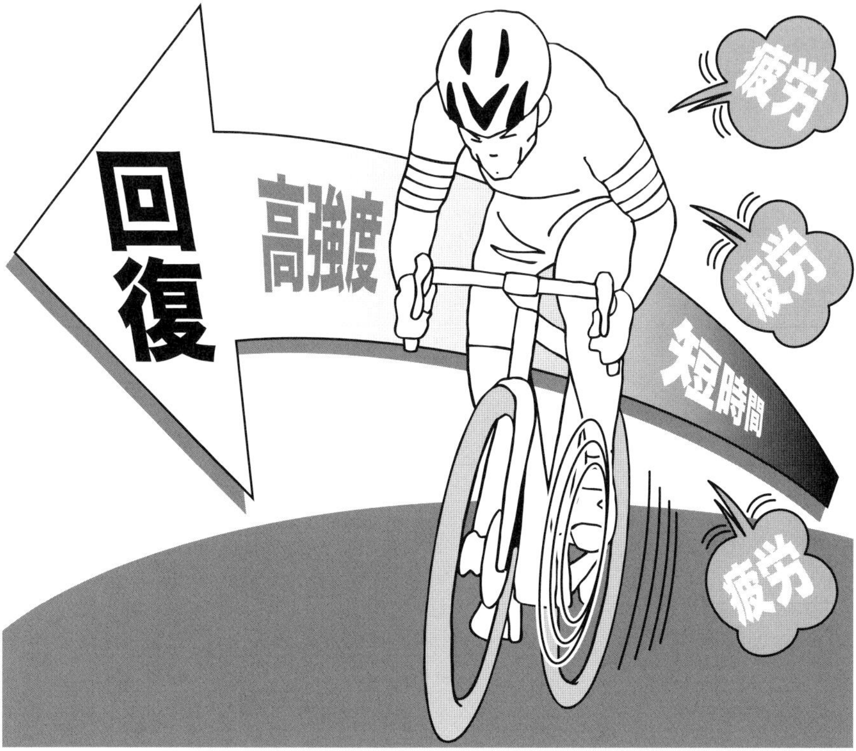

短時間でもトレーニングボリュームを確保しやすい高強度トレーニングは、ベテランレーサー向きかもしれない

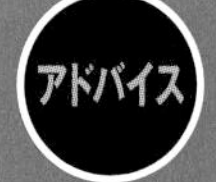

アドバイス ローラー台での短時間・高強度トレーニングは続きませんでしたが、仲間とのトレーニングなら続けられます。

集団トレーニングのルール

◎安全を第一に

これまで数々の練習会を主催してきた奈良さんは、集団でのトレーニングのやり方を知り尽くしている。

「まず、なんといっても忘れてはいけないのは安全です。事故があったら命に関わりますし、機材も壊れます。その日の練習会も終わり。絶対に事故は避けましょう」

そのためには、まず、人数が多すぎる場合は危険なので、複数の少人数グループに分ける必要がある。脚力別に分けると走りやすい。

また、山に行く場合は下りで飛ばさないよう注意する。

「イキのいい若者が来たら、あまりがんばらないように言います。下りでスピードを出したり、追い込みすぎてフラフラになると危ないですから。

あと、人数が増えるとテンションが上がって無茶なアタックをする人も出てくるので、そういう人には注意してください。『○○まではアタックしない』とルールを決めてもいいですね」

そして、万が一の事故に備えて、全員分の緊急連絡先を共有しておく。ここまでが最低限の準備だ。

「口うるさい人が一人はいることが大事だと思います。安全のために練習を仕切る人です」

経験があるベテランレーサーは、練習仲間の安全にも責任があるのだ。

ポイント

- ◉ 安全が第一。危険な走りをする参加者には注意する
- ◉ 人数が多すぎる場合は少人数グループに分割する

安全な集団トレーニングのための基本ルール

人数が多い場合は複数グループに

多すぎると危ない。また、脚力差は小さいほうがいい

追い込みすぎない

周囲が見えなくなり、危険。
下りでも飛ばさないことを共有する

緊急時の連絡先の共有

万が一事故があった場合に必要になる

トレーニングでは安全が第一。安全のためのルールは参加者全員で共有しよう

速い人ほど綺麗に、安全に走れる傾向があります。その意味では、トレーニング仲間に一人は経験があり、速い人がいるといいですね。

集団トレーニングでの走り方

次に、集団トレーニングでの具体的な走り方を教わろう。

◎最後に全員でオールアウト

「全員で楽しく、効果的なトレーニングをするためには、脚力の差を走り方で埋めなければいけません。遅い人がちぎれてしまったら、その人のトレーニングが終ってしまいますから。

そのために、強い人ほど長い時間、前を引くのが大原則です。後ろの人をちぎろうとしてはいけません」

強い人ほど長時間にわたって風を受けるようにすれば、脚力の差を埋めることができる。

「それから、とてもありがちなのですが、先頭に出るときに加速してはいけません。集団の速度がどんどん上がっていって、やがてバラバラになってしまいます。一定ペースを守ってください。

先頭交代のときには、先頭から下がる人が後ろの人に肘で合図をします。合図がないのに、後ろの人が前の人にかぶせていくのはダメです」

一言でまとめると、独りよがりの走りをせず、全員が脚力に応じて最後まで出し切れる走りをするということだ。

「ゴールした時に、速い人も遅い人も、全員が出し切っている練習がベストです」

全員が協力することで、ひとりでは不可能なレベルで追い込める。それが集団トレーニングの魅力だ。

ポイント

- ◉ 脚力差を埋めるために、速い人ほど長く先頭を引く
- ◉ 先頭に出るときに加速するミスが多い。一定ペースで走り続けること

先頭交代の原則

速い人ほど長い時間前を引く

脚力差を埋めるため。ゴールで全員が
均等に疲労しているのがベスト

先頭に出るときに加速しない

ペースが上がり、グループが崩壊してしまう。
一定ペースを守る

先頭交代の際には合図をする

下がる人が、後ろの人に肘で合図

他にも、先頭を引く人は加減速を緩やかにして後ろがちぎれないようにするなど、最後まで全員が走り切れるようにする配慮が求められます。全員で強くなれるのが集団トレーニングの魅力です。

仲間とともに速くなる

奈良さんは、年齢を意識するよりも、継続できるトレーニング方法を見つけることのほうが大切だという。

「何歳であっても、本格的に乗りはじめたのが遅いなら強くなる方法はいくらでもあります。問題は継続することです」

◎いいメンバーでいい練習

奈良さんの場合は、よい練習仲間に恵まれていることが長く走り続けられる秘訣だという。

「いいメンバーが集まってくれるのでいいトレーニングができています。そのおかげで、おおむね力は維持できているかな。

もちろん、パフォーマンスだけを追い求めるなら、ひとりでローラー台でトレーニングするなど他のやり方もあるでしょう。ですが、私の場合、それだと続かないんです。続かないトレーニングよりは、仲間と走るのを楽しむほうが、結果的には強くなれます」

ひとりで追い込むことができるなら、それで問題ない。しかしモチベーションが続きにくいなら、トレーニング仲間を見つけるのが、遠回りに見えて最短手段かもしれない。

「行きつけのショップに一緒に走れる人を紹介してもらってもいいし、SNSで仲間を募るやり方もある、トレーニング仲間を見つける手段は増えました」

何歳でも走ることはできる。問題は続けることだ。

ポイント

- ◉ 速くなることよりも継続することのほうが難しい
- ◉ トレーニング仲間を見つけることは、継続する近道

仲間と楽しみながら速くなる

楽しむ→強くなる

仲間との練習は、効果的であるだけではなく、モチベーションの維持にも役立つ

短期的なトレーニング効率を求めると、長期的には続かないかもしれません。長く続けられる方法を見つけるのがもっとも大切ではないでしょうか。

Column ❻

55歳からの筋トレ

奈良さんは、55歳のときに筋トレをはじめた。ツール・ド・おきなわの成績が今までになく悪かったので、新しいアプローチを試みたのだ。

「レースが悲惨な結果だったので、なんとかしようと思って筋トレをはじめてみました。もともと筋肉が少ない体だったこともあります」

上半身を中心に鍛えると効果はすぐに表れ、5～6kgほど筋肉がついた。ロードバイクでも上体が安定するなどの効果があったという。さすがに上りが遅くなったので、その後2～3kgほど体重を落としたが、効果は残っている。

実は、筋トレに挑戦するのは今回がはじめてではなかった。

「今までも何度かやろうとしては挫折してきたのですが、三日坊主。でも、今回は続きましたね」

新しいことへの挑戦は、何歳になってでも試す価値がありそうだ。たとえ、過去に何度失敗していても。

機材は基本が大切

小畑 郁さん

KAORU OBATA

1976年生まれ　45歳

主要な成績

2010　ツール・ド・おきなわ市民210km／2位

年齢よりも自転車歴に注目する

◎何歳から始めたか?

東京都の有名ショップ「なるしまフレンド」神宮店で技術チーフを務める小畑さんは、フルタイムで働きながらレースを走る強豪ホビーレーサーでもある。ツール・ド・おきなわ市民２１０㎞の上位常連でもあり、国内プロが走る「Ｊプロツアー」でも戦っている。武器はスプリントだ。

年齢は45歳と、ベテラン勢の中では「若手」だが、キャリアは長い。

「乗り始めたのは中学生のころなので、自転車歴は30年近くになります。途中にブランクもありません」

小畑さんによると、年齢よりも、自転車歴のほうが重要だという。

「年齢を気にする方は多いですが『ホビーレーサーとして体を酷使しはじめたのが何歳か』が大切です。つまり、年齢よりも自転車歴のほうを見るべきなんです」

したがって、歳を重ねていても自転車歴が浅い人なら、伸びしろは大いにあるという。

「ウチ（なるしまフレンド）のチーム員に70代の方がいますが、ロードバイクに乗り始めたのが50代なので、まだまだいけます。60代でレースを勝ったりもしていますね。なぜなら、スタートラインが50代ですから、60代でも『若手』なんです」

見かけの年齢にとらわれがちだが、それよりも自転車歴のほうを見るべきだ、というのが小畑さんの考えだ。

ポイント

- ◉ 年齢よりも、「何年自転車に乗ってきたか」つまり自転車歴の方を見る
- ◉ 自転車歴が短ければ、年齢を問わず伸びしろは大きい

KAORU OBATA **小畑 郁さん**

走るメカニック

機材に通じるメカニックでありながら、トップホビーレーサーの1人でもある

年齢よりも自転車歴を振り返ってください。若くても長く乗ってきた方は、それだけ体を酷使してきたということです。

機材は基本をしっかり押さえる

◎ディスクブレーキのほうがいい？

小畑さんの専門である機材に関しては、近年、大きな変化が生じている。リムブレーキに替わり、ディスクブレーキが主流になりはじめているのだ。

小畑さんもディスクブレーキを採用したロードバイクに乗り換えているが、必ずしもディスクロードがリムブレーキのバイクよりも優れているわけではないという。

「ディスクロードのほうがいいとは限りません。どうしても重くなるし、乗り手によっては剛性が高すぎる場合もあります。だから、ディスクロードに乗るなら、軽量化は大切にしたいですね」

高剛性で、太いタイヤも装着できるディスクロードでは、乗り方もリムブレーキのロードバイクとは変わるという意見もある。

しかし、小畑さんは、ディスクロードでもまずは基本を大切にすべきだという。

「確かに近年、お尻の位置が前に来る『前乗り』が増えるなどの変化がありますが、いずれもディスクロードの普及以前からあった動きです。

ポジションやフォームは、『ディスクロードだから』と特別視せず、基本を押さえることが大前提。ケガや故障を減らしたい年配の方ならなおさらです」

機材の大きな変革期である現在。ベテランレーサーは、どんなバイクで、どのようなトレーニングをするべきなのか？

ポイント

- ◉ ディスクロードのほうがリムブレーキロードよりも優れているとは限らない
- ◉ ポジションは基本が大切。ディスクロードでも同様

ディスクブレーキ

従来のリムブレーキに替わり主流になったディスクブレーキ。安定した制動力を得られるが、少し重くなるデメリットもある

よいリムブレーキロードバイク並みのフィーリングをディスクロードで出すのはまだ簡単ではありません。焦って無理にディスクロードにする必要はありません。

前乗りには要注意

◎ロードバイクの強みを忘れない

ポジションに関する近年の大きなトピックが、前乗りポジションの浸透だ。サドルを前に出し、後ろに蹴りだすようにペダリングをする前乗りのフォームが、パワーが出しやすいという理由で増えてきている。

小畑さんによると、前乗りはディスクブレーキ化以前からある動きだという。

「フロントフォークと前輪の剛性が上がったのが機材面の理由。それから、プロがTT（タイムトライアル）のポジションをしっかりと詰めるようになった結果、前乗りなTTのポジションが通常のロードバイクに逆輸入されたのではないでしょうか」

つまり前乗りには一定の根拠があるわけだが、小畑さんは前乗りにはやや慎重だ。

「まず、不安定で危ないですよね。前乗りで重心と前輪との距離が近くなるとふらつきます。前乗りは、最近落車が増えている理由の一つでもあるのではないでしょうか。

あと、たしかに前乗りは短時間、パワーを出すには向いているのですが、それ以外の走り方には向いていない。サドルが前に出過ぎるとスプリントもし辛いですね。様々なシチュエーションを長時間走らなければいけないロードレースでは、選択肢を減らしてしまうリスクもあります」

スプリンターである小畑さんも、ポジションは前乗りにはしていない。総合的に考えると、前乗りによって失うものも多いためだ。

ポイント

- 短時間パワーを出すのに向いている前乗りポジション
- さまざまなシチュエーションに対応するための柔軟性は落ちる

前乗りのポジションとは？

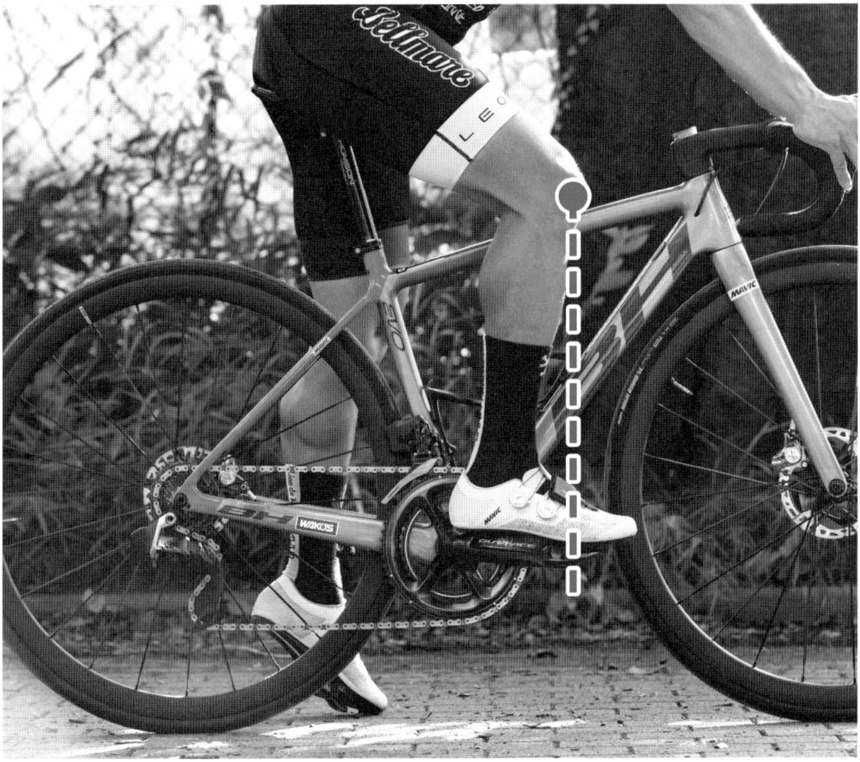

膝の骨（膝蓋骨）がペダルよりも前に位置するポジションは前乗りに分類される

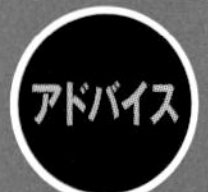

アドバイス ローラー台や短時間のヒルクライムでパワーを出すだけなら前乗りが向いているでしょう。しかし、ロードバイクに乗っていると色々なシチュエーションが現れます。そんなときは前乗りが不利になることも多いでしょう。

「ロードバイクの強み」を大切に

◎万能性を失わない

小畑さんは、ポジショニングではオーソドックスな基本を押さえることを重視している。極端なポジション・フォームでは、ロードバイクの強みである万能性が失われるからだ。

「極端な前乗り以外にも、たとえばエアロの追及もブームになっていますが、やりすぎるとロードバイクの良さが失われてしまいます。ロードバイクはTTバイクやトライアスロンバイクとは違い、上り、下り、平地と、一台でどんな所でも走れるのが魅力なんです」

一例として、やはり近年増えている幅の狭いハンドルや、ブラケットを内側に入れるポジション挙げられる。いずれも前面投影面積を小さくして空力を良くするためだが、小畑さんによると、本末転倒になっているケースも多いという。

「幅狭ハンドルでもコーナーや上りできちんとバイクコントロールできるならいいですが、日本人でも芯〜芯で380㎜くらいの幅が限度ではないでしょうか。

あと、ブラケットを内側に入れたせいで肘が左右に出てしまっている人も多いようですが、これでは空力が悪化するのでむしろマイナスです」

基本に忠実になること。リスクを避け、さまざまな走りを長く楽しめるという点では、ベテランレーサーも意識したいポイントだ。

ポイント

- ◉ 極端なポジションはロードバイクの良さである万能性を失わせる
- ◉ ブラケット間の距離やハンドル幅を狭くしても、肘が出てしまっては本末転倒

脇が開いていないか？

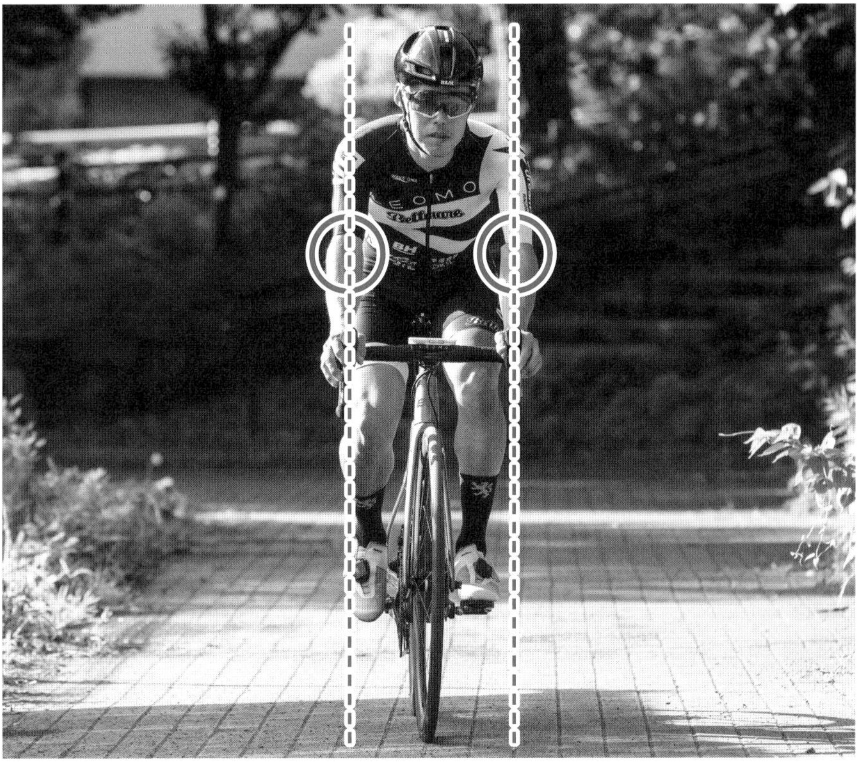

幅狭ハンドルやブラケットを内に入れたポジションが流行しているが、肘が開き、体の外に出てしまっていると本末転倒だ

アドバイス

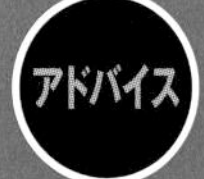

ハンドル幅が狭くなるほど、バイクコントロールに腕力が必要になります。競輪では幅300㎜前後のハンドルを使う選手もいますが、それは競技が特殊だからです。

ぎりぎりのポジションを避ける

◎余裕がないと故障する

　前乗りやエアロポジションなど、特定の目的だけを追求した極端なポジションは、年輩のサイクリストには向かないと小畑さんは言う。

「たとえば、パワーを出すためにサドルを思いきり高くする方がいます。調子が良くて体が伸びるときならばそれでもいいのですが、体がこわばって硬くなる日もあるはず。そんな日には、ぎりぎりのポジションだと体に無理な力がかかってしまいます」

　オーソドックスなポジションの特徴は特定の目的に特化せず、常に余裕を確保している点にある。

「余裕があるポジションなら、多少調子が悪くても問題なく走れます。つまり、一種の保険なんですよ。目の前の速さだけを追求したぎりぎりのポジションだと、ちょっと余裕を失うだけで破綻してしまいます」

　歳を重ねるにつれ、腰や関節などに問題を抱える人も増える。そんな人には、オーソドックスなポジションのほうが向いているのだ。

「まずは王道の、『ど真ん中』のポジションからはじめましょう。一度、しっかりしたフィッティングサービスにチェックしてもらうことをお勧めします」

　余裕を確保することは、どんな状態でも速く走れることに繋がる。遠回りのように見えて、一番速いのは王道のセッティングかもしれない。

ポイント

- 極端なポジションは余裕がなく、体に無理をさせてしまう場合もある
- 歳を重ねたレーサーほど、オーソドックスなポジションのほうが向いている

余裕をもってポジショニングする

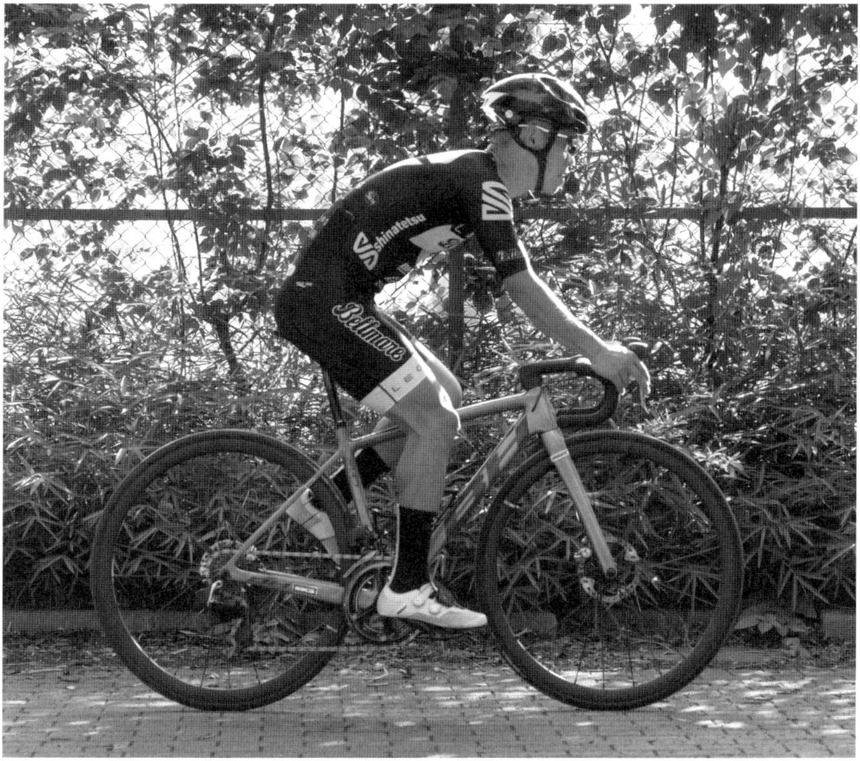

オーソドックスなポジションは体に余裕が生まれるため、故障リスクを小さくできる

アドバイス

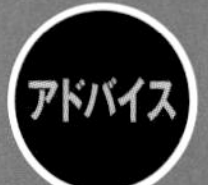

上りや下りなど様々なシチュエーションを総合的に速く走れ、しかも故障リスクが小さいのがオーソドックスなポジションです。基本型にはそれなりの理由があるのです。

ペダリングの幅を広げる

◎踏むペダリングに頼らない

小畑さんは、歳を重ねたレーサーにありがちなこととして、「踏む」ペダリングになってしまうことを挙げる。

「落ちてきた心肺機能を補うために踏むペダリングになる人は多いです。トルクを増すためにクランクを長くする人もいます。

たしかにそういう選択肢もあるのですが、それ以前に、高い回転数でペダルを回すスキルと、心肺能力を維持するためのトレーニングもやるべきです。筋力頼りになってしまうと、ペダリングの選択肢が狭まってしまいます」

低ケイデンス～高ケイデンスまでさまざまなペダリングができることは、走り方の幅を広げるため、疲労しづらいことにもつながるという。

「歳を重ねたら、自分にとっての楽な回転数に安住せず、他の回転数でもペダリングできるようにしてください。いわば『パワーバンド』(エンジンが力を発揮できる回転数)を広げるということです。

また、踏むペダリングばかりしていると腰を傷めかねません。その意味でも、高ケイデンスのスキルを身に着けるべきです」

多様な走り方ができれば、体の特定の部分に負荷がかかることを防げる。また、レースでも脚がなくなりにくい。

ペダリングは基本スキルだが、まだまだ上達の余地が残るレーサーが多いはずだ。歳を重ねた今こそ、ペダリングスキルを向上させよう。

ポイント

- ◉ 心肺機能の低下を、ペダルを「踏む」ペダリングにすることで補う人が多い
- ◉ 踏むペダリングは故障に繋がる。ケイデンスを上げるトレーニングも必要

ペダリングの「パワーバンド」を広げる

低ケイデンス・
高トルク

高ケイデンス・
低トルク

低ケイデンス高トルクと、高ケイデンス低トルクではパワーは等しい。同じパワーでも異なるケイデンスとパワーが使えれば、ペダリングの幅が広がり故障の予防にもなる

歳を重ねると踏むペダリングになってしまい、クランクを伸ばしたがる方は多いですが、むしろクランクを短くし、回転数を上げたほうがいいかもしれません。

体幹トレーニングの意義

◎高強度トレーニングを控えると……

小畑さんは近年、腰に問題を抱えている。

「末端がしびれるなどの症状が出ていて調べたところ、腰に問題があることがわかりました。そのため、一時期はスプリントなど高強度のトレーニングを控えていたんですが、結果、高強度だけではなく中強度も力が落ちてしまったので、高強度トレーニングを再開しました」

理由は、高強度トレーニングは筋トレとしての効果も大きかったためだと考えている。

「高強度をやらなくなると筋肉量が落ちて、結局、中強度以下もパワーが落ちるんです。高強度トレーニングは大事です」

小畑さんは、腰を守るためには、体幹トレーニングが重要だと考えている。

「体幹トレーニングは、強くなるためにも役立ちますが、故障を予防する意味でも必要ですね。ヨーロッパのプロが体幹トレーニングを取り入れるようになったのも、故障予防の狙いもあるのでしょう」

小畑さんは、ポジション面ではハンドルを少し高くすることで腰の問題に対応した。空力が悪化することに対しては、腕を折って上体を倒すことでカバーする。

「僕のポジションは特に奇をてらったところはなく、基本に忠実です。年配の方こそ、もう一度基本に立ち返るべきではないでしょうか」

改めて基本をチェックしよう。

ポイント

- ◉ 高強度トレーニングを減らすと中強度の力も低下する
- ◉ 体幹トレーニングには腰の故障予防の意味もある

腰への負担

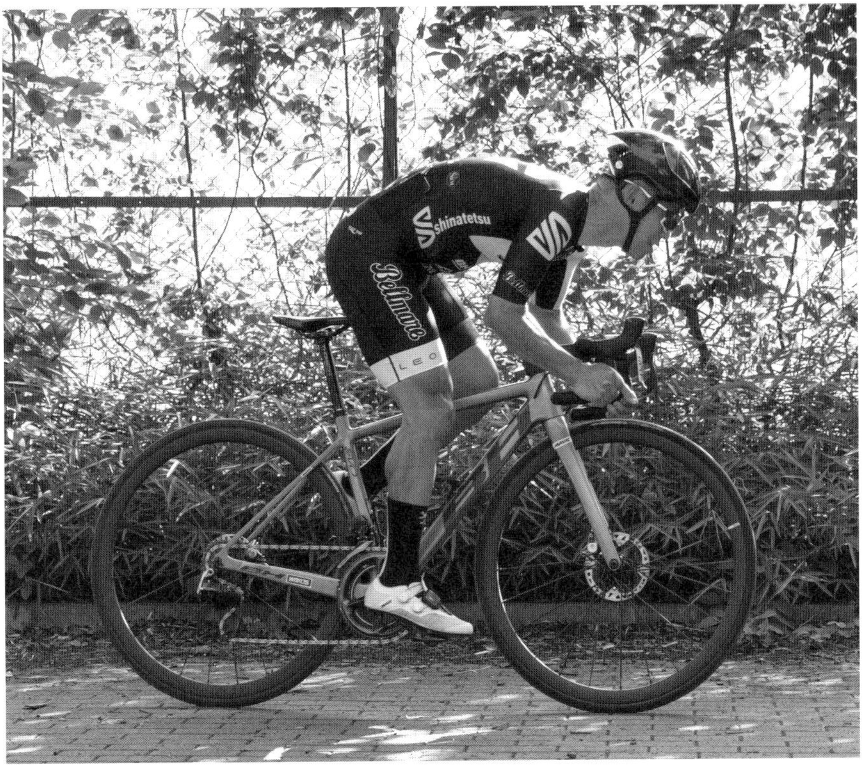

高強度で、かつ深い前傾姿勢をとると腰に負担が蓄積していく

アドバイス

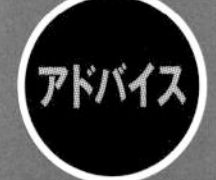

腰の痛みなど体に問題が生じた場合、まず行くべきは病院ですが、信頼できるフィッティングサービスならば、症状に応じたポジション変更の相談も可能です。その意味でもフィッティングは大切です。

クラシックハンドルの薦め

◎ ブラケットが遠くなった

ディスクロードでも、今までのロードバイクとポジショニングは基本的に変わらないが、一つ注意点がある。

「油圧ディスクブレーキはブラケットが大きく、結果的にブラケットポジションのときの手の位置が遠くなりました。そのため、ドロップを持った時の手の遠さと大きな違いが出てしまいます」

ブラケットポジションとドロップポジションで手の位置が大きく変わるため、どちらを基準にセットしても、他方のポジションにしたときに違和感が出てしまう。

シンプルな解決方法は、クラシックな形状のハンドルを使うことだ。

「僕のハンドルもそうですが、クラシックなハンドルだと、ドロップとブラケットを持った時の手の遠さにあまり差が出ません。ディスクロードに乗るなら非常に大きな優位点になります」

近年は数を減らしているクラシックタイプのハンドルだが、根強いファンがいるのには理由があるのだ。

「クラシックな形にはもう一つメリットがあります。ハンドルの下部が水平になるので、ぎゅっと握らなくても、手を乗せるだけで体を安定させられる。とても楽ですよ」

ハンドルの交換は体の使い方に大きく影響する。もし食わず嫌いでクラシックタイプを敬遠してきたなら、一度は試す価値があるはずだ。

ポイント

- ディスクロードはブラケットが大きく、ブラケットポジションが遠くなりがち
- クラシックタイプのハンドルならブラケットが遠くなることを防げる

手の遠さが変わりにくいクラシックハンドル

写真のようなクラシックタイプのハンドルなら、2つのポジションでの手の遠さは大きく変わらない

アドバイス

今は圧倒的に浅曲がりのアナトミックハンドルが主流ですが、僕はクラシックタイプをずっと愛用しています。ブラケットが大きいディスクロードでは、クラシックタイプの価値は増しているのではないでしょうか。

フィッティングでポジションを再確認

◎長年の癖をチェックする

小畑さんは歳を重ねたレーサーに対し、一度フィッティングサービスを受けることを強く勧める。

「長年、癖のあるポジションでずっと乗ってきた方は少なくありませんが、慣れてしまうと自分のポジションが普通だと思ってしまう。ですが、偏ったポジションは体にも偏った負担をかけるので、故障に繋がるかもしれません。一度はきちんとしたフィッティングで見てもらいましょう」

フィッティングサービスも乱立しているが、小畑さんは、プロのフィッターがいるサービスを薦める。

「信頼のおけるショップならフィッターにコネがあることも多いので、まずは行きつけのショップに相談してください。フィッターを紹介してもらえると思います」

フィッティングで極端なポジションに落ち着くことはまずないが、小畑さんは、ベテランレーサーほど基本が大切だという。

「前乗りポジションにしても、結局は、ペダルの真上に膝が位置したほうが乗り物としての効率はいいんです。もちろん、機材の変化に伴って最適なポジションは変わりますが、長年受け継がれてきた基本にはそれなりの意味があり、体への負担も小さい。だから、いったん、基本に立ち返ってみてください」

長年の癖を改めて振り返ってみよう。新たな発見があるかもしれない。

ポイント

- ◉ ベテランほど自分のポジションの癖には気づきにくい
- ◉ フィッティングサービスを受け、一度ポジションを点検する

基本のポジショニングの価値

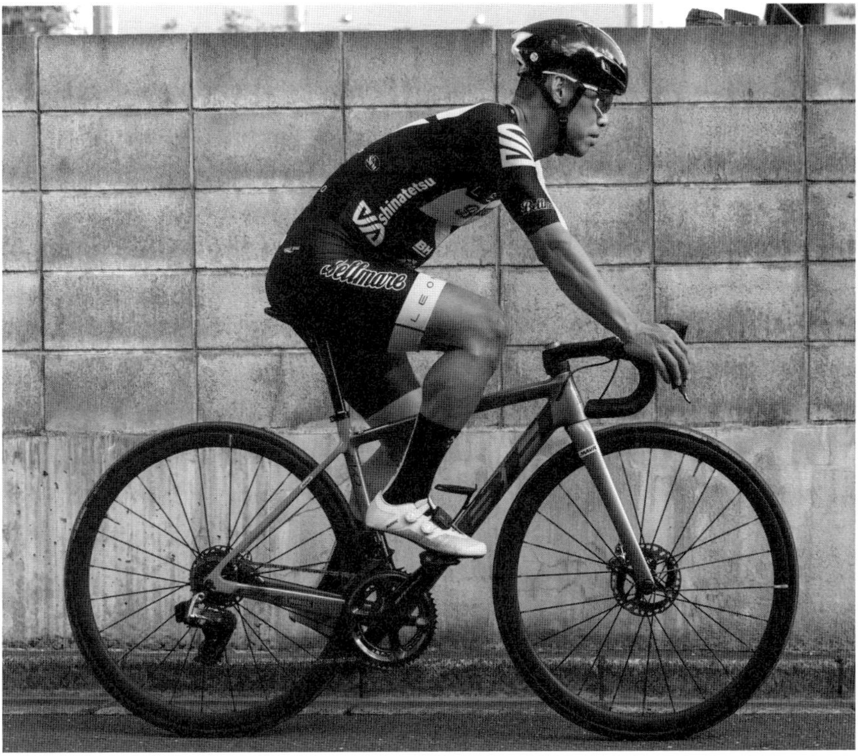

体への負担が小さく、さまざまなシチュエーションに対応できる。年輩のレーサーほど基本を大切にしたい

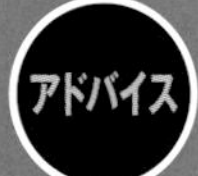

アドバイス 前乗りなど、特定の目的に対応したポジションにする場合にも、やはりプロのフィッティングを受けることを勧めます。自己判断は危険です。

機材にお金をかける

◎ **軽量化がまた重要になってきた**

小畑さんは、ディスクロードの時代だからこそ、ベテランレーサーは機材にお金をかけることを勧める。

「年配の方ほどいい自転車を買ってください。なぜなら、ディスクロードはリムブレーキのバイクよりも重いからです。一時期は落ち着いていた軽量化が、ディスクロードだとまた重要になっています」

リムブレーキのバイクでは限界まで軽量化が追求されたが、その後は空力や剛性など他の要素が重視されるようになり、軽量化は下火になった。

しかし、構造上重くなってしまうディスクロードでは、再び軽量化が脚光を浴びる可能性がある。

「あまりに基本的なことなので忘れられがちですが、ロードバイクはやっぱり軽いほうが楽なんです。年輩の方はなおさらです。だから、いい機材を買ってください」

また、小畑さんは、年輩のレーサーほど教わり上手になるべきだとも言う。

「水泳も武道も、最初にしっかりフォームを習うのに、自転車は我流でもなんとか走れてしまう。そのせいで、自分のポジションやフォームの偏りに気づかない人も多くいます。プロのフィッターなど周囲の声に耳を傾けて、一度ご自分の走り方を振り返ってみてはどうでしょうか？」

歳を重ねるほど、謙虚に教わる力が重要になる。

ポイント

- **重くなるディスクロードでは軽量化が再び重要になる**
- **自分のポジションの偏りには気づきにくい。第三者によるチェックをする**

軽さの価値が再び大きくなった

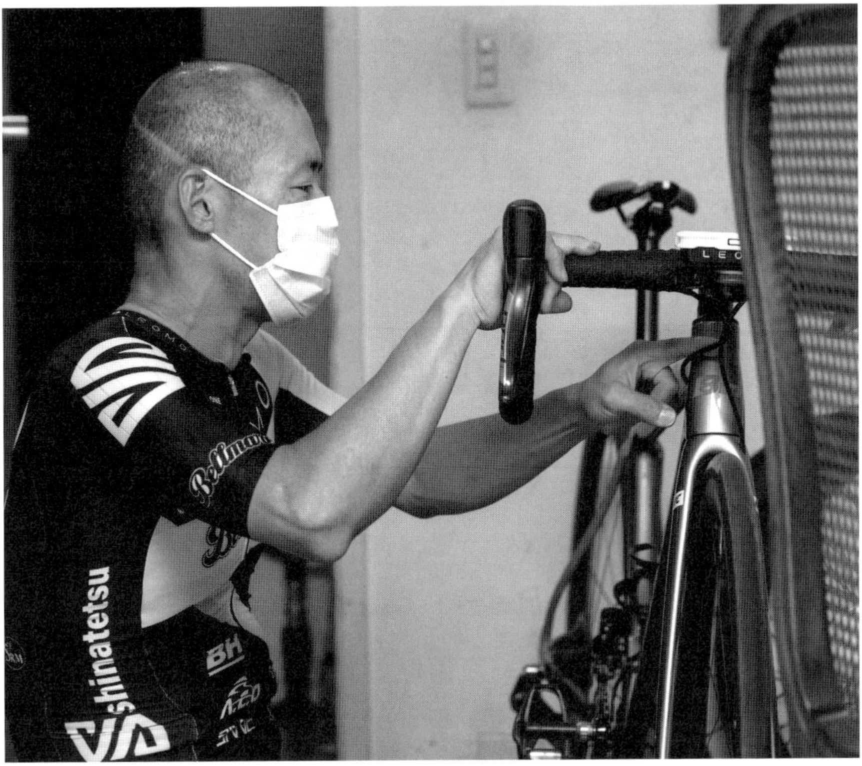

重くなりがちなディスクロードでは、軽量化の価値が大きい

アドバイス

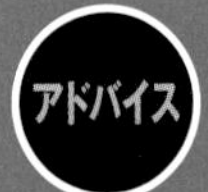

ポジショニングの基本はディスクロードでも変わりません。今だからこそ基本に立ち返ってみてください。末永く走るためには必要なことです。

Column ⑦

機材はモチベーション

小畑さんの元を訪れる客の中には、機材からモチベーションを得るタイプのサイクリストもいるという。

「気持ちが上がらないから乗りたくなる機材を買う、という人もいます。新しい機材を導入することでもモチベーションを得るタイプの人ですね」

たしかに、新しい機材を買えば、実際に乗って試したくなる。機材はモチベーションになり得るのだ。

「僕にとっても機材はモチベーションです。『どうしても勝ちたい』という気持ちはちょっと薄れていますが、新しい機材を試すのは楽しいですからね」

レースで勝つことや体を動かすことなど、走り続けるためのモチベーションは人それぞれだ。マンネリ化してきたら、新しい機材を買って刺激を受けるのもいいかもしれない。

ベテランレーサーたちはどうやって走り続けているのか？

強豪ベテランレーサーたち7名のトレーニングから、何歳になっても走り続けるための秘訣を探る。

年齢の影響はどう現れる？

◎疲労からの回復が遅れる

年齢の影響として多くのレーサーが挙げているのが、回復力の低下だ。

46歳の鈴木真理さん（P59～）は、疲労をその日だけで回復させられず、翌日以降に持ち越すことが多くなったという。

同じような意見は多い。多くの選手が、疲れが残りやすくなった、あるいは回復が遅くなったと述べている。

また、54歳の西谷雅史さん（P9～）は、コンディションが崩れることが多くなったともいう。調子がよい時の強さは以前と変わらないが、大きく調子を落とすことが増えてしまった。

また、小畑郁さん（P155～）などのように、高強度域に弱くなったという意見も多い。心肺機能にも衰えがあるのかもしれない。

個人差はあるが、こういった影響は、40代から現れたという意見が多い。40代は年齢に向き合いはじめなければいけない年齢ということだ。

その一方で、多くのレーサーが40代になっても好成績を残しているのも事実だ。西谷さんが実業団レースでプロ選手を下したのも、村山利男さん（P115～）が乗鞍ヒルクライムを6連覇したのも40代の出来事。鈴木さんや狩野智也さん（P37～）も、40代で国内プロレースの一線を走っている。

ということは、少なくとも40代でも第一線で走ることは可能だということでもある。

ポイント

- ◉ 歳を重ねるにつれ疲労が回復しづらくなったという意見が多い
- ◉ 少なくとも40代でもトップレベルのパフォーマンスは維持できる

40代でも第一線で走る

狩野智也さんは、40代でも国内トップクラスのレースの最前線で走っている

まとめ
歳を重ねるにつれ、疲労が残りやすくなったという意見が多い。いっぽうで、少なくとも40代まではトップコンディションを維持できるレーサーも多い。

年齢か、自転車歴か

◎積算距離によってダメージが蓄積する

年齢による何らかの衰えがあるのは事実だ。しかし同時に、小畑さんなども指摘するように、年齢以上に自転車歴が衰えを左右するという意見も多い。

本書に登場するベテランレーサーの多くは20歳前後でロードバイクに乗り始めた。彼らが衰えを感じ始めたという40代に入る頃には、積算で50万km以上走っていたと考えられる。体へのダメージが蓄積していた可能性はある。

しかし、30代になってランニングから自転車に転向した村山さんは、40代でピークを迎え、50代でも乗鞍ヒルクライムなどの上位に入っていた。

つまり、村山さんは、本書の他のベテランレーサーとは、キャリアがちょうど10年ほど、後ろにずれていたことになる。これは、年齢以上に自転車歴が影響することを示唆しているのかもしれない。

前項の繰り返しになるが、10代から乗りはじめ、年間数万kmの激しいトレーニングを続けたベテランレーサーでも、少なくとも40代まではトップコンディションを保てていた。

ということは、彼らよりも乗りはじめた時期が遅かったり、トレーニング量が少ないレーサーなら、40代どころか50代でピークを迎えることさえあるかもしれない。

もちろん、そのためにはトレーニングを継続しなければいけない。

ポイント

- ◉ 年齢による衰えとは別に、自転車歴による衰えがある？
- ◉ ロードバイクに乗りはじめた歳が遅いレーサーほど、ピークも遅くなる可能性がある

40代でのピーク

30代半ばでロードバイクに乗りはじめた村山利男さんは、40代で乗鞍ヒルクライム6連覇などの成績を残した

まとめ

年齢だけではなく、乗ってきた距離も衰えに影響する。トレーニングをはじめた年齢が遅いほどピークも遅くなる可能性が高い。また、トレーニング量が少なくても、ピークは遅くなるかもしれない。

「衰え」の原因はいろいろ

◎役割やモチベーションも変化する

本書に登場したどのレーサーも、40代から緩やかにパフォーマンスが落ちているのは間違いない。

だが、その理由をフィジカルの衰えだけに求めることはできない。パフォーマンスに影響する他の要素もまた、年齢と共に変化しているからだ。

分かりやすい例が、鈴木さんや狩野さんのような(元)プロ選手の場合だ。ある程度歳を重ねると、彼らのチーム内での位置づけはエースを助けるアシストやキャプテンに変わる。つまり自分の成績を追求する立場ではなくなるため、必然的に成績が低下することになる。

実際、プロほどエースとアシストとの関係が明確ではないホビーレーサーは、西谷さんや村山さんなどのように、40代以降に大きな成績を出すことも多い。

また、プロかホビーかを問わず、モチベーションの変化も成績に影響する。長く走り続けているホビーレーサーはみな、モチベーションを維持しているが、長く続けるほどモチベーションが低下した時のリスクは大きい。故にパフォーマンスが落ちることもあるのだ。

さらには、歳を重ねるほど故障や健康上のリスクが増えることも、パフォーマンス低下の要因として挙げられる。

自然なフィジカルの衰えに抗うのは簡単ではないが、それ以外の要素にしっかりと目を向け、対策を練ることが重要だ。

ポイント

- 年齢を重ねるごとにパフォーマンスは低下するが、要因は必ずしも肉体的なものではない
- モチベーション低下や故障もパフォーマンスを押し下げる

求められる役割の変化

役割がエースからアシストに変われば、自然とレース成績は落ちていく

まとめ 一見、歳を重ねるにつれ肉体的にパフォーマンスが落ちていくように見えるが、実はフィジカル以外にパフォーマンスに影響する要因も多く、それらは対策が可能だ。

ロングライドは疲れる？

◎疲れを引きずってしまう

多くのベテランレーサーが年齢に伴う影響として挙げる回復力の低下。特に、ロングライドからの回復に時間がかかるようになったと言うレーサーが多かった。

そんなロングライドを、ほぼ一切やめてしまったのが西谷さんだ。トレーニングは、ローラー台でのSST走と峠の10分走という中～高強度での短めのメニューだけに絞るようになり、FTP向上などの結果を出した。

また、プロ引退後にホビーヒルクライマーとして「再デビュー」した藤田晃三さん（P97～）も、ロングライドは一切やらず、ローラー台だけの短時間のメニューに絞っている。

藤田さんは、ホビーレーサーに多い、目的があいまいな週末のロングライドは余計な疲労に繋がるとも述べている。歳を重ねたら、長距離のレースを狙うレーサー以外は週末のトレーニングの距離を短くし、代わりに平日の高強度トレーニングの回数を増やした方がいいかもしれない。

しかし、目標とするレースが長距離の場合は、距離に順応するためのロングライドを欠かすことはできない。鈴木さんはそんなケースの疲労対策として、距離（時間）はそのままに、強度を落とすことを推奨している。ロングライドはあくまで距離に順応するためのトレーニングと割り切り、途中で無駄に強度を上げないということだ。

ポイント

- ロングライドの疲労を引きずりやすくなる
- 「なんとなく」長距離を走るのを止め、狙いを絞ったトレーニングをする

ローラー台はベテランレーサーの味方？

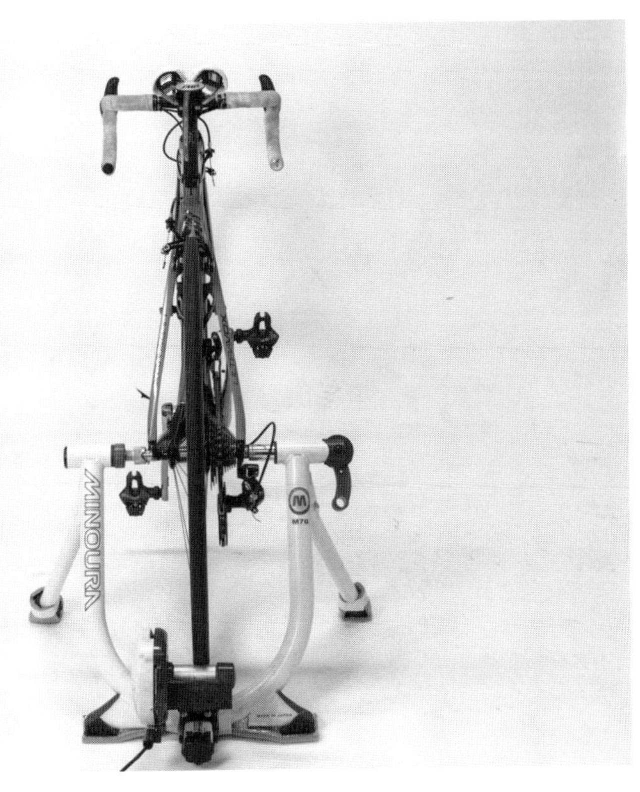

目的を絞った短時間・高強度メニュー向きのローラー台は、余計な疲労を減らせる点でベテランレーサー向きだ

まとめ

週末のロングライドがルーチン化しているホビーレーサーは多いが、歳を重ねると、週明けの平日まで疲労を引きずってしまうかもしれない。そんな場合は距離を減らすなど疲労を減らす工夫をしよう。

短時間メニューのほうが回復しやすい

◎歳を重ねたら高強度

本書に登場するベテランレーサーのほぼ全員に共通する特徴として、キャリア初期は乗り込み中心のトレーニングを行ってきたが、歳を重ねるにつれ、強度が高く時間が短いトレーニングに移行した点がある。

前項で触れた西谷さん、藤田さんもそうだが、平日出勤前の110kmのトレーニングを2時間のローラー台でのビルドアップ走に切り替えた村山利男さん（P115～）、通勤ライドがなくなり、平日も週末の中強度以上のトレーニングばかりになった奈良宏さん（P137～）も同じだ。

強度が上がったのは、疲労が残りやすいロングライド中心のトレーニングから脱却したことが関係していそうだ。また、「短時間・高強度メニューのほうが疲れが抜けやすい」という意見があることも無視できない。

その理由としては、強度×時間で表されるトレーニングボリュームが同じならば、高強度メニューのほうが短い時間で終わるため、回復に使える時間が長くなることが挙げられる。

また、鈴木さんは、高強度メニューを中心としたトレーニングのほうがトレーニングボリュームが小さくなる傾向があるので疲労も少なくて済むと述べているが、その可能性もあるだろう。

苦しく、疲労が大きいイメージがある高強度メニューだが、実は疲れが抜けやすく、ベテラン向きの可能性があるのだ。

ポイント

- 歳を重ねるにつれトレーニングの強度が全体的に上がったレーサーが多い
- 高強度トレーニングのほうが疲れが抜けやすいという意見が多い

高強度トレーニングは回復時間を確保できる

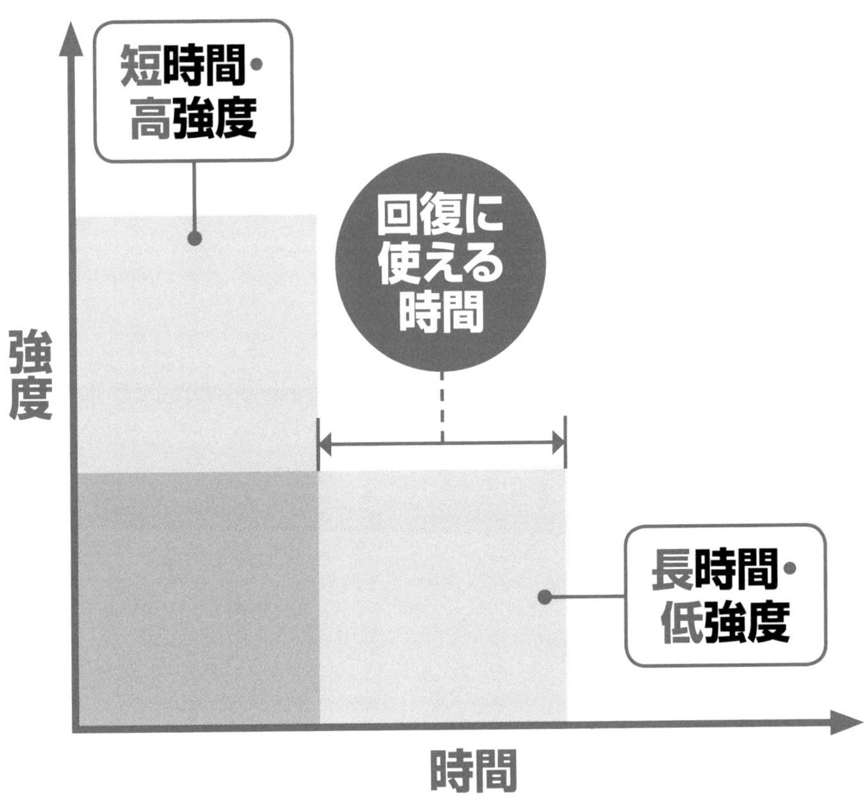

同じトレーニングボリュームなら、高強度メニューのほうが時間が短くて済むので、回復時間を長く確保できる

まとめ
意外なことに、高強度トレーニングのほうが年輩のレーサーには向いているかもしれない。逆に、強度が低くてもだらだらと長時間走るトレーニングは疲労が大きすぎる恐れがある。

短時間のパワーと筋力を貯めておく

◎成績に繋がりやすい高強度

スプリントや短時間のダッシュなど短時間のパワーは、レースでの成績に結びつきやすい。ゴールでのスプリントや、前方の集団へのブリッジでは短時間の高いパワーが求められるからだ。

スプリンターの鈴木さんは、高強度域に強かったことが40代でも成績を残せたことに繋がったと考えている。

心肺機能は歳を重ねると衰えるが、短時間のパワーを出すためには心肺能力だけではなく筋肉量も必要になるため、若いうちに筋肉をつけておければ、将来的に有利になる可能性がある。鈴木さんは、心肺能力が問われる長めのスプリントでは衰えを感じるが、疲労していない「サラ脚」での短時間のダッシュはあまり年齢の影響を受けていないという。

本書の多くのレーサーが口を揃えるのは、高強度メニューは筋トレとしての効果もあるということだ。したがって、若い時期から高強度メニューを取り入れることは、将来に備えた「貯筋」にもなる。

そしてもちろん、歳を重ねてからの高強度メニューも意味は大きい。

高強度メニューが疲労を残しにくいと述べるベテランレーサーは多かったが、筋力アップの効果も期待できるならば、ベテランレーサーにとっての意義も大きいはずだ。

ポイント

- ◉ 短時間のパワーはレースの成績に結びつきやすい
- ◉ 短時間メニューは筋トレでもある。将来に備えて「貯筋」しよう

短時間のパワーは成績に繋がる

レースでのブリッジやスプリントなどの力を左右する短時間のパワー。若いうちに鍛えておきたい領域だ

まとめ 短時間のパワーに必要な筋肉をつけておけば、将来的な力の衰えを小さくできる。また、歳を重ねてからも、短時間・高強度メニューをする意義は大きい。

何歳でもFTPは伸びる！

◎ベースのパワーは落ちにくい

ヒルクライムやTTでは、短時間のパワーよりもFTP付近のパワーが重要だ。ロードレースやエンデューロでも、FTPが高いほどレース中に余裕ができる。

短時間のパワーに比べると、FTP付近のパワーは落ちにくいという意見が多かった。歳を重ねても

鈴木さんは40代になってFTPの最高値を更新したと述べている。また、西谷さんは、50歳を過ぎてからもFTPが20Wもアップした。

ただし、2人のFTP向上はいずれもトレーニングの変化の結果である可能性が高い。

鈴木さんは、信号が少なく一定ペース走に向いた宇都宮でトレーニングをするようになり、西谷さんはそれまでの乗り込みに替わり、ローラー台でのSST（スイートスポット）走を日課にした結果、FTPが伸びたのだ。

他のレーサーも、高強度メニューは意識しなければやれないが、低強度〜中強度メニューはハードルが低い。その結果、低〜中強度メニューでも鍛えられるFTPはなかなかパワーが落ちないのかもしれない。

一つ確実に言えることは、何歳であってもFTPを伸ばすことはできるということだ。体は、トレーニングにはすぐ応えてくれるのだ。

ポイント

- FTPは高強度域のパワーよりも落ちにくい？
- FTPを集中的に鍛えれば、何歳からでも伸びる

ベースとなるFTP

ヒルクライムはもちろん、ロードレースやエンデューロでもFTPは意味を持つ。いわば、ベースとなる力がFTPだ

まとめ

西谷さんは、累計で100万㎞近く走った50歳を過ぎてからトレーニング方法を変更し、一気にFTPを伸ばした。誰にでもまだまだ伸ばす余地があるはずだ。

トレーニングの狙いを絞り疲労を減らす

◎目標に特化したトレーニングだけをする

元オリンピアンの藤田さんは、引退後、ヒルクライムを目指してトレーニングを再開した。

その内容は、ローラー台でのヒルクライムに近い強度でのトレーニングのみ。ロングライドは一切行っていない。

また、鈴木さんは、ロードレースを目標にする場合でも、1日のトレーニングに様々なメニューを詰め込まず、その日ごとに特定の目的に特化したトレーニングを行うべきだという。「あれもこれも」と様々なメニューを行ってしまうと、疲労がたまるからだ。

いずれも、余計なトレーニングをなくすことで不要な疲労を減らすための工夫だ。回復の遅さが課題になるベテランレーサーには、トレーニングの目的をはっきりさせ、必要のないトレーニングを漫然と続けないようにしたい。

そのためには目標とするレースや走りを強度と時間で切り分け、必要なメニューを逆算することだ。

目標が1時間のヒルクライムなら1時間の前回走に近いメニュー、加減速が続くクリテリウムならインターバルなど、自分に何が必要かを明確にしよう。

この考えに基づけば、週末のロングライドが必要なホビーレーサーはそれほど多くはないはずだ。1週間のスケジュールも再考したほうがいいかもしれない。

ポイント

- 疲労を減らすためには余計なトレーニングをなくすこと
- 狙うレースから必要なトレーニングを逆算し、そのトレーニングだけを行う

必要なトレーニングメニューは?

レースによって求められる走りはまったく違う。漫然と走るのではなく、必要なメニューを明確にしよう

まとめ

長距離の乗り込みは、距離の長いロードレースを狙うレーサー以外にとっては不要だ。疲労が溜まってしまう。ただし、キャリアが浅かったり、長い休養明けはじっくりとLSDからトレーニングを再開したい。

トレーニングは二段階に分かれる

◎「がんばる期間」を減らす

トレーニングを効率化し、余計な疲労を減らすためにはスケジューリングも重要になる。
狩野さんと藤田さんは、トレーニングをはっきりと二段階に分けている。基礎作りのベーストレーニングと、レースに向けて仕上げるコンディショントレーニングだ。
ベーストレーニングは低〜中強度の乗り込みが中心になる。体をロードバイクに順応させ、パワーも少しずつ上がっていく。
藤田さんの場合、ベーストレーニングの時期にFTPが体重の5倍程度まで達するというが、もちろん個人差があるだろう。重要なのは、「極端に追い込まなくても、ベーストレーニングだけで到達できるレベル」と、その先のレベルを区別することだ。
レースが近づいてくると、レースに合わせて体を仕上げるコンディショントレーニングの時期に入る。目標とするレースに応じたトレーニングメニューを行うのだ。
この時期は高強度の厳しいトレーニングを行うことになる。期間は1カ月から数カ月程度。この時期のコンディショントレーニングで、ベースからさらに一段階上のレベルまで到達する。そしてレース後は少し休み、またベーストレーニングに戻る。
ベース作りとコンディショニングを区別するメリットは、苦しいコンディショントレーニングをする時期を限定できることだ。疲労を減らし、モチベーションも維持しやすくなるだろう。

ポイント

- ◉ ベース作りの時期と、レースに向けたコンディショニングの時期を区別する
- ◉ 苦しいトレーニングをするコンディショニングの期間を短くできる

ベース作りとコンディショニング

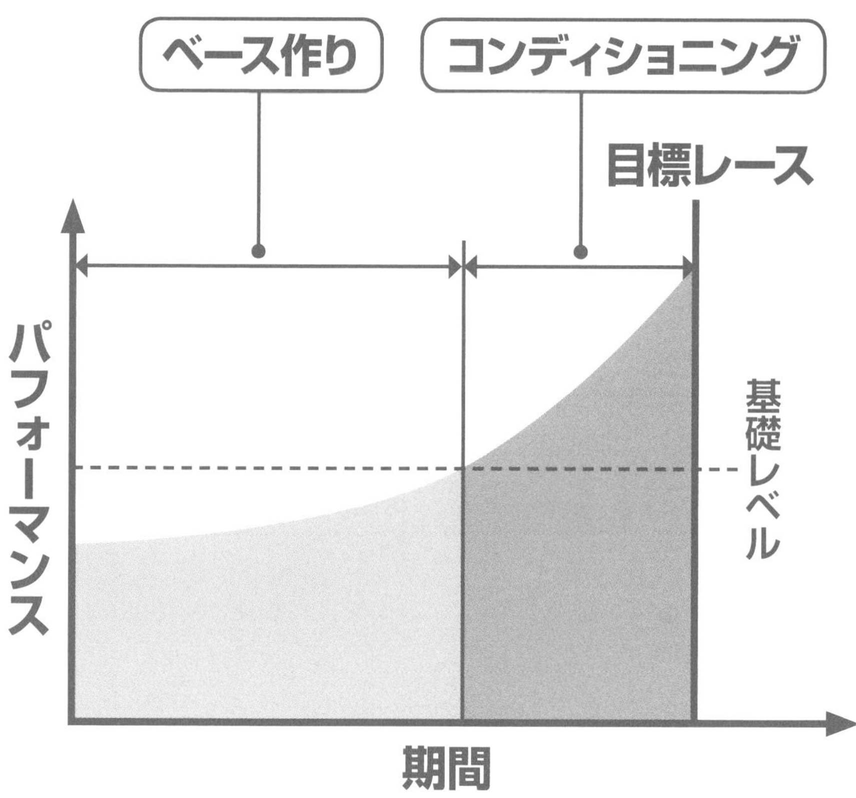

ベース作りのトレーニングとコンディショニングを区別することで、苦しいトレーニングをする時期を短くできる

まとめ

スケジュールを立てずに漫然と追い込み続けるのは体への負担が大きく、モチベーションも途切れがち。追い込む時期は追い込み、他の時期はほどほどに留められるようスケジューリングをしよう。

高い山にはゆっくり上る

◎トレーニング期間を延ばす

30代でトレーニングに復帰した藤田さんも、40代からは徐々に年齢の影響を感じ始めた。20代や30代のころと同じような高強度のトレーニングができなくなってきたのだ。

その対策として、藤田さんは、レースに向けたコンディション期の高強度メニューの強度を少し下げ、替わりにコンディショニング期間を少し伸ばした。

その結果、時間はかかるものの、以前と同じパフォーマンスに到達できたという。

つまり、上る山の高さはそのままに、より時間をかけて上るようにしたということだ。

この方法を使えば、回復力の低下などで厳しいトレーニングが難しくなっても、目標を引き下げる必要はない。トレーニングの強度を落としたり頻度を低くしたりして実行できるように調整し、替わりにトレーニングの期間を延ばせばいいのだ。

トレーニングで無理をするとオーバートレーニングに陥り、大きくコンディションを崩してしまう恐れがある。歳を重ねるということは、オーバートレーニングのリスクが増すということでもある。

だが、トレーニングの負荷を少し減らし、その代わりに時間をかけるようにすれば、同じ結果が望めるはずだ。

焦らずにじっくりとトレーニングをしよう。

ポイント

- ◉ 高強度メニューなど追い込むトレーニングが難しくなったら、少し負荷を落とす
- ◉ その代わりにトレーニングの期間を延ばせば、同じレベルに達せる

トレーニングに時間をかける

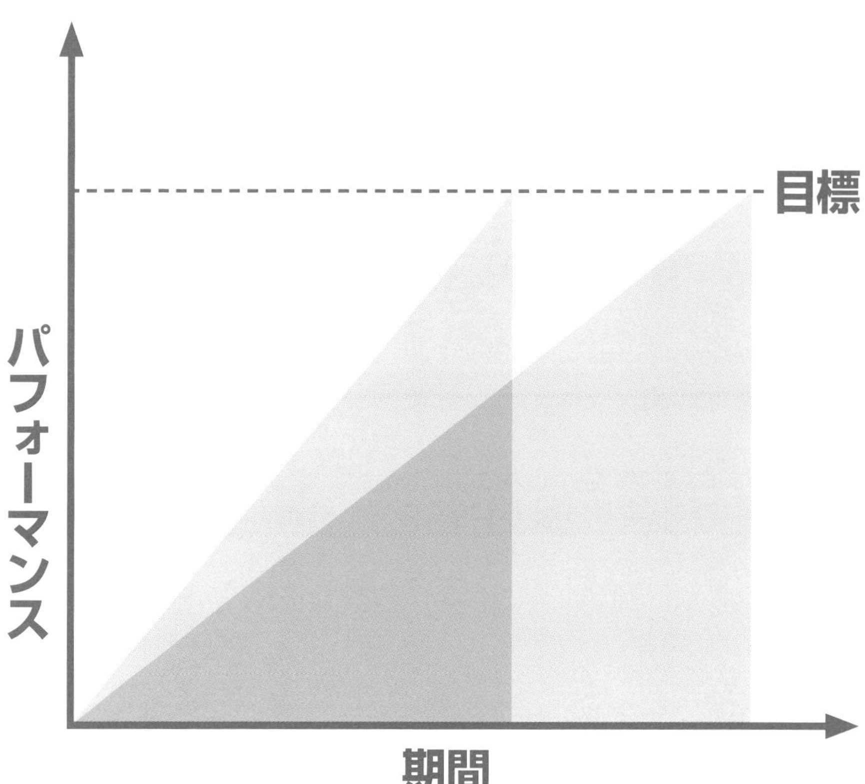

目標を引き下げる必要はない。時間をかけてゆっくりとトレーニングをすれば、より小さい負担で同じ目標に達することができる

まとめ

目標に対して素早く調整できるのが若さだが、時間さえかければ、ベテランレーサーでも同じパフォーマンスを目指すことができる。自分の体を観察しつつ、冷静にスケジューリングをすべきだ。

フォームとペダリングを見直す

◎染みついた癖を再確認する

メカニックでもある小畑さんは、フォームやポジションに関して、基本を踏まえることの大切さを強調した。流行は移り変わるが、ずっと変わらない基本には合理的な理由があるのだ。

しかし、長年ロードバイクに乗っていると、自分のフォームやポジションの癖に気づきにくくなってしまう。そこで小畑さんは、プロによるフィッティングサービスを受け、自分のポジションを見直すことを勧める。

「癖」という点では、ペダリングを見直す必要もありそうだ。

つい得意とするケイデンスばかりでペダリングをしがちだが、使えるケイデンスの幅が広がれば、脚への負担を分散できる。

特に小畑さんは、歳を重ねるほどトルクに頼る「踏む」ペダリングに偏りがちだと指摘する。踏むペダリングだけではすぐに脚がなくなってしまう。

そこで、極端な高ケイデンスでペダリングスキルを上げるファストペダルや、逆に低ケイデンスで丘を登るSFRなど、ペダリングの幅を広げるスキルトレーニングを導入してみよう。仮にフィジカルのレベルがまったく変わらなくても、脚への負担が減る分、パフォーマンスは上がるはずだ。

長年使い続けてきた「エンジン」である自分の体。癖を改めればさらなるパフォーマンスアップが期待できるかもしれない。

ポイント

- ◉ ポジションに偏り、癖がないかフィッティングのプロにチェックしてもらう
- ◉ ペダリングスキルを上げてケイデンスの幅を広げる

ペダリングスキルアップ

基本的なスキルだが見落とされやすいペダリング。使えるケイデンスの幅を広げられればパフォーマンスも上がるはず

まとめ 費用が必要になるバイクフィッティングはつい尻込みしてしまうが、正しいポジションは一生ものだ。高い投資ではない。

腰痛に注意！

◎フォームが負担をかける？

本書に登場する多くのベテランレーサーが悩まされているのが、腰痛など腰のトラブルだ。

ロードレーサーが故障させやすい個所としては膝がクローズアップされることが多いが、累積走行距離が数10万〜100万㎞に達するような本書のベテランレーサーたちにとっては、腰への負担のほうが深刻なのかもしれない。

ロードバイクの上で前傾姿勢を取り続けることが腰を痛めることに繋がっている可能性は十分にある。

予防のための対策としては、やはり腰に問題を抱える小畑さんも指摘するように、体幹トレーニングが挙げられる。腰回りに筋肉をつけておけば、将来的な腰の故障リスクを減らしてくれるかもしれない。

体幹の重要性は、鈴木さんも指摘している。上体と脚を繋ぐ役割を持つ体幹は、FTP以上のパワーで踏むシチュエーションでは重要になるという。体幹トレーニングは、腰を守ること以外に、パフォーマンスアップにもつながるだろう。

なお、鈴木さんは、ハンドルの位置を少し上げることでペダルに体重を乗せやすくし、体幹の衰えをカバーしたという（P82）。やや空力が悪化するが、空力があまり問題にならないヒルクライムでは検討する価値がありそうだ。

ポイント

- 腰痛など腰のトラブルを抱えるベテランレーサーは多い
- 体幹を鍛えておくことが予防になる可能性がある。パフォーマンスアップの効果も

腰への負担

深い前傾姿勢をとるロードバイクでは、腰に負担がかかる。体幹に十分な筋肉があれば、腰を守ってくれるかもしれない

まとめ

体幹トレーニングはヨーロッパのプロの間でも広がっている。短時間、高いパワーを出すシチュエーションでは効果がありそうだ。

年齢に打ち勝つトレーニング

◎やり方はいくらでもある

本書に登場するベテランレーサーたちは、皆、ここまで100万㎞近く走ってきた選手たちばかりだ。しかし、今も高いパフォーマンスを維持しているばかりか、さらなる高みを目指すレーサーも多い。

年齢の影響は間違いなくあるが、対策は多い。

まずは、トレーニングの内容を精査して絞り込み、無駄なトレーニングを減らすことだ。目的から必要なトレーニングを逆算し、不要なものは捨てる。そうするだけで疲労は大幅に減らせるだろう。

また、スケジューリングも重要になる。目標を決め、そこに向けてどのようにパフォーマンスを上げるか。ベースのトレーニングとコンディションを上げる高強度トレーニングを分け、負担の大きいトレーニングをする時期を絞り込もう。

また、疲労からの回復力が落ちているなら、負荷を下げる替わりにトレーニングに時間をかける工夫も必要だ。

さらには、フォームやポジションを見直し、問題がないかチェックすることも忘れてはいけない。

無計画な、ぼんやりとしたトレーニングは疲労に繋がるため、ベテランレーサーの敵だ。トレーニングへの意識を高め、効率化しよう。その結果、今まで以上のパフォーマンスアップが見込めるかもしれない。

ポイント

- ◉ トレーニングを効率化し、無駄なトレーニングを減らす
- ◉ 無計画なトレーニングはNG。走り方を含め、トレーニングを再点検したい

トレーニングを合理化、効率化する

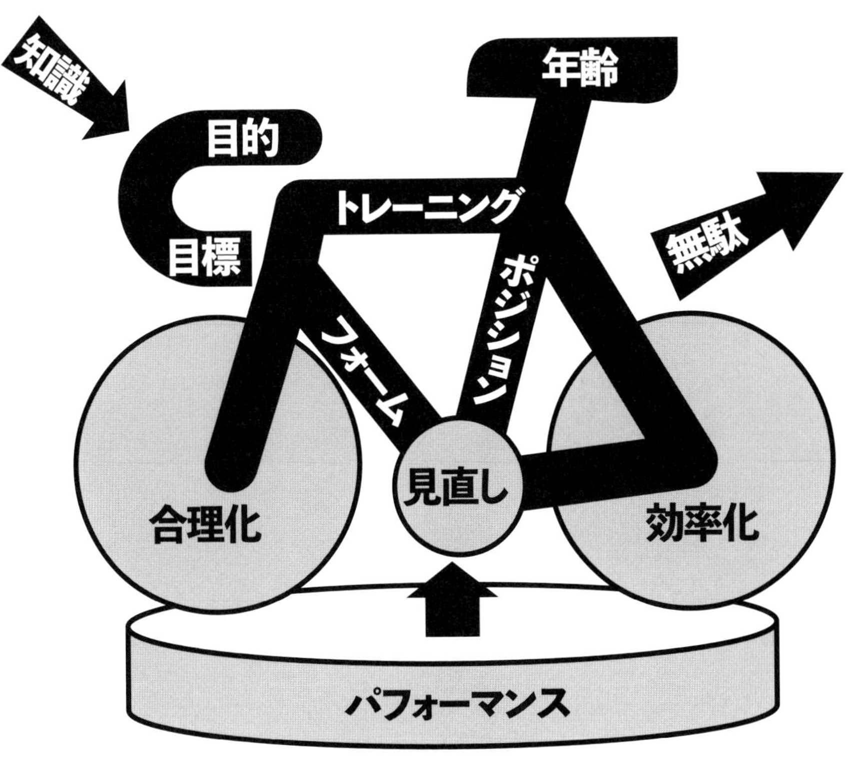

無駄な疲労を減らすためにトレーニングを見直し、合理化、効率化しよう。さらなるパフォーマンスアップも期待できる

まとめ 体力に任せたトレーニングをする時期は終わった。計画的に、合理的なトレーニングをしよう。今までの知識はそのために役立つはずだ。

いつまでも走り続けるために

◎モチベーションの源を探す

長年走り続けていると、トレーニングだけではカバーできない問題に直面することがある。

それがモチベーションの低下だ。

どんなに優れたレーサーでも、モチベーションが落ちてしまうと、トレーニングを続けることはできなくなってしまう。

奈良さんは、多少トレーニング効率が悪くても、楽しめるトレーニングをすることを大切にしている。いくら速くなれたとしても、走ることが楽しめなくなってしまっては本末転倒だからだ。

クラブチームを主催してきた西谷さんも、パワーなどわかりやすい数値を伸ばすことだけを意識するあまり、数値の伸びが鈍ったときにモチベーションを失うレーサーをたくさん見てきたという。ロードバイクは楽しめなければ続かないのだ。

60歳を過ぎても走り続ける村山利男さんは、毎晩のお酒のために走っていると断言する。ユニークな動機ではあるが、モチベーションの源さえあれば何歳でも走れることの証明でもある。

本書に登場したベテランレーサーたち全員に共通しているのは、走るためのしっかりとしたモチベーションを持っていることだ。

モチベーションの中身は人それぞれだが、走る理由さえあれば、年齢は問題にならない。走り続ける理由を探そう。

ポイント

- パフォーマンスばかりを意識するとモチベーションが途切れる恐れがある
- 自分だけのモチベーションの源を見つけることが大切

走る理由を探す

健康でも、美味しい晩酌でもいい。自分だけの走る理由を見つけておこう

まとめ

優れたレーサー全員に共通するのが、自分のモチベーションをコントロールする能力の高さだ。がむしゃらなトレーニングだけでは続けることはできない。

おわりに

歳を重ねることを楽しむ

本書に登場した多くのレーサーたちは、皆、歳を重ねることを楽しんでいる。

歳を重ねることによる衰えは否定できない。レースでの成績が落ちていくこともある。

だが、そんな状況でも工夫を重ね、トレーニングを積み、衰えを最小限に留めることはできる。場合によっては、若いころ以上のパフォーマンスを手に入れる可能性だってあるだろう。

ロードレースは本来、さまざまな困難を乗り越えるス

ポーツだ。向かい風や雨、上り坂など、条件が厳しいほど選手たちは燃え上がる。

そこに、「年齢」という新しい要素が加わったと考えるとどうだろうか。ベテランレーサーたちが歳を重ねることを楽しめる理由が見つかるのではないだろうか?

ロードバイクは一生、楽しめるスポーツだ。その楽しみの中には、年齢に打ち勝つことも含まれるに違いない。

ロードバイクは、ますます楽しくなる。

ロードバイク研究会

監修プロフィール

ロードバイク研究会

ロードバイクの新しい楽しみかた、より効果的な
トレーニング方法を研究、提案する。

STAFF

企画・編集 ……………………佐藤喬
写真提供 ………………………綾野真(シクロワイアード)
瀧本 顕
阪本竜也(Studionoutis)
イラスト ………………………田中 斉
デザイン・装丁・DTP ……前田利博(Super Big BOMBER INC.)
宮永功祐(Super Big BOMBER INC.)

何歳からでも速くなる! 最速ベテランレーサーの ロード&ヒルクライムトレーニング

2021年9月5日 初版第1刷発行

監　修　ロードバイク研究会
発行者　廣瀬和二
発行所　株式会社日東書院本社
〒160-0022 東京都新宿区新宿2丁目15番14号 辰巳ビル
TEL:03-5360-7522(代表)　FAX:03-5360-8951(販売部)
振替:00180-0-705733　URL:http://www.TG-NET.co.jp

印刷製本　図書印刷株式会社

ISBN 978-4-528-02371-0　C2075